UM FORRÓ NO UMBRAL

e outros contos

SAARA NOUSIAINEN

UM FORRÓ NO UMBRAL

e outros contos

Aliança

1ª edição, 2ª reimpressão, Abril/2025, de 3001 à 3500 exemplares

TÍTULO
Um Forró no Umbral

AUTOR
Saara Nousiainen

REVISÃO
Antônio Roberto de Carvalho

DIAGRAMAÇÃO
Sonia Maria da Silva e César A. C. de Oliveira

CAPA
Antônio Carlos Ventura

IMPRESSÃO
Melting Color Gráfica e Editora Ltda.

FICHA CATALOGRÁFICA

Dados Internacionais de Catalogação na Publicação (CIP)
— Câmara Brasileira do Livro | SP | Brasil —

Nousiainen, Saara
Um Forró no Umbral / Saara Nousiainen;
São Paulo: Editora Aliança, 2012.

ISBN: 978-85-88483-75-0 / 160 páginas

1. Contos Espíritas
I. Título

12-00085 CDD - 133.93

ÍNDICE PARA CATÁLOGO SISTEMÁTICO
1. Contos Espíritas: Espiritismo 133.9

EDITORA ALIANÇA
Rua Major Diogo, 511 - Bela Vista - São Paulo – SP
CEP 01324-001|Tel.: (11) 2105-2600
www.editoraalianca.com.br | editora@editoraalianca.com.br

Sumário

NOTA DA AUTORA

Os contos apresentados neste livro retratam a realidade, embora, por vezes, apresentem-se na forma de simbolismos ou parábolas, como nos casos em que personagens encontram-se ante uma espécie de tribunal, após sua passagem para o mundo espiritual, pelo fenômeno da morte corporal.

Aqui, no plano físico, nossa visão fica limitada ao imediatismo da vida corporal, à qual dedicamos a quase totalidade das nossas atenções. Daí, as grandes e desagradáveis surpresas da maioria das pessoas ao retornarem à vida verdadeira, pelas portas da morte.

Estes contos trazem no seu bojo esclarecimentos e advertências, que sempre são importantes de serem relembrados, porque é assim que geramos em nosso inconsciente as "memórias" que vão orientando nossas ações.

É no contínuo relembrar de nossas necessidades de crescimento interior e no esforço que empregamos para vivenciá-las, que vamos ganhando terreno em nossa evolução e construindo para nós mesmos um futuro melhor.

Fortaleza, 21 de fevereiro de 2000

Saara Nousiainen

Além dos contos, este livro traz os textos das preces que compõem o CD PRECES, da mesma autora.

UM FORRÓ NO UMBRAL

Anastácio estava relativamente tranquilo. Entendia ser um bom espírita e, por isso, não temia a morte que se avizinhava. Sentia, ao contrário, certa satisfação antecipada pela belíssima recepção que, certamente, teria no plano espiritual. Sua larga ficha de atividades ao longo de 35 anos, por certo, o credenciava ao título de vitorioso ou, pelo menos, semivitorioso, condição que poucos conseguiam alcançar.

Suave torpor invadiu seu pensamento e o corpo rígido não obedecia mais às ordens mentais.

Sentiu forte explosão ou implosão na cabeça e viu-se livre do corpo carnal. Tentou erguer-se, mas algo irresistível o arrastava, não sabia para onde. Percebia, porém, que ia em sentido descendente.

Preocupado, observou que o ambiente estava ficando escuro e tenebroso. Assustou-se.

O que estava acontecendo?

Quis orar, mas o medo não lhe permitia juntar as ideias.

Sempre arrastado por aquelas forças desconhecidas, chegou finalmente a um vale fracamente iluminado por uma fogueira de grandes proporções. As labaredas dançavam seus reflexos avermelhados no ambiente fumarento, como se acompanhassem o ritmo de uma sanfona desafinada e estridente que tocava furiosamente, sem parar. Ao aproximar-se mais observou, horrorizado, que em torno da fogueira um terrível e alucinante forró movimentava homens e mulheres de todos os tipos e idades.

Seu senso religioso e estético revoltou-se ao observar as expressões de alguns dançarinos, o suor escorrendo pelos corpos seminus, enquanto cenas de profunda degradação moral faziam o velho espírita estremecer até as entranhas.

Os dançarinos, aos pares ou isoladamente, já rodopiavam em torno dele. Anastácio, vendo-se em meio àquele torvelinho infernal, tentava inutilmente desvencilhar-se, para sair dali.

Começou a revoltar-se. Então era assim? Uma vida inteira votada ao Espiritismo findava num horrível e asqueroso forró, nas regiões umbralinas do planeta?

— O que significa isto? – Gritou. — Alguém tem que me explicar!!!

Mas ninguém dava atenção a seus gritos que se perdiam nos sons da sanfona e no ruído dos pés arrastando-se no chão. Furioso, agarrou o primeiro que lhe passou ao alcance da mão e o segurou com força.

— Você vai ter que me dizer porque estou aqui!

O interpelado virou o rosto para ele e Anastácio reconheceu seu velho conhecido, Gerônimo, que também fora espírita na Terra.

— O que está acontecendo? Estarei louco? – perguntou, no auge da aflição.

— Não, Anastácio. Você não está louco... nem eu. Nós apenas nos enganamos, na Terra...

— Como?... Então o Espiritismo é mentira? Tudo aquilo que aprendemos é mentira?

— Não, meu amigo – respondeu Gerônimo, arrastando o ex-companheiro pelo braço, acompanhando o turbilhão do forró. – A mentira estava em nós mesmos.

— Isso é um absurdo, uma injustiça! – gritou Anastácio, tentando elevar a voz acima da barulheira. — Você na verdade merece estar aqui, porque nunca foi um espírita decente. Além de irresponsável, sempre foi devasso. Chegou ao cúmulo de seduzir uma jovem da Mocidade e acabou levando-a a fazer aborto. Todos nós sabíamos disso...

— E não me disseram nada!

O tom de mágoa engasgava a voz na garganta de Gerônimo enquanto lágrimas lhe assomavam aos olhos, ao prosseguir:

— Vocês são quase tão culpados quanto eu. Vocês, que se davam ares de grandes espíritas, praticantes do Evangelho. Para tudo tinham resposta na ponta da língua, como se fossem os porta-vozes do plano superior. Você, então, que era o mais procurado pelas pessoas que buscavam orientação, por que nunca me repreendeu?

Anastácio arregalou os olhos e abriu a boca para responder, mas... responder o quê?

Gerônimo conseguiu arrastá-lo para fora do espaço onde os dançarinos continuavam seus rodopios, sem conseguirem parar, apesar do suor e do cansaço. Afastaram-se um pouco, não muito, porque cercando a clareira percebiam-se sombras monstruosas a se moverem com ar ameaçador. Gerônimo continuou, esforçando-se para não demonstrar toda a intensidade da mágoa e dor que sentia:

— Eu sabia que aquilo estava errado, mas a tentação foi grande demais. A garota me deu bola e... foi uma paixão furiosa... depois, a gravidez, o medo da mulher descobrir, o escândalo. Eu sabia que vocês tinham conhecimento de tudo, mas como ninguém me aconselhou, como nada disseram... achei que estavam aceitando tudo com naturalidade e eu também acabei acreditando que não estava tão errado assim.

Anastácio baixou a cabeça. Nunca havia refletido sob esse enfoque. Algo começava a sussurrar-lhe nas profundezas da alma dizendo que numa comunidade espírita as culpas de um atingem também aqueles que nada fazem para ajudá-lo a se corrigir.

Gerônimo foi de novo sugado para o meio dos dançarinos e Anastácio ainda pôde ver-lhe o semblante molhado de lágrimas e marcado por profundo sofrimento.

Sentiu que precisava refletir, repensar algumas posturas, pôr as ideias em ordem. Aquelas considerações eram algo novo que lhe estava abalando o ser.

Um homem aproximou-se, dizendo:

— Seja bem-vindo, Anastácio.

Olhou-lhe o rosto e reconheceu Manoel, velho companheiro de lides espíritas. Ia estender-lhe a mão, mas observou, horrorizado, que seus braços terminavam em dois tocos sanguinolentos, de horrível aparência.

— Espero que não permaneça muito tempo por aqui – disse Manoel, envergonhado, procurando esconder os braços atrás das costas. Depois, num suspiro, continuou:

— Eu bem que mereço estar aqui... e nem sei quando vou sair. Talvez até me mandem para mais baixo. Aqui, é uma espécie de saguão do Umbral. Os que ficam, é porque algo sustentou sua queda. No meu caso, foram as preces das pessoas que curei.

— Quanto a você – respondeu Anastácio, em tom altivo – é fácil entender que esteja aqui. Você era médium espírita e, quando soubemos, estava cobrando pelas curas que realizava.

E olhando-o com ar de reprovação, concluiu:

— Você ganhou verdadeira fortuna com o uso da mediunidade.

Manoel baixou os olhos, na esperança de que Anastácio não lhe visse as lágrimas nascentes. Com humildade na voz, mas demonstrando mágoas contidas, murmurou:

— É verdade... E vocês não me disseram nada. Principalmente você, tão zeloso pela pureza doutrinária. Eu era pobre, precisava manter a família. Aí, comecei a receber presentes e quando me dei conta, tinha ido longe demais.

Manoel ergueu a cabeça e seu rosto expressava grande sofrimento e revolta, ao reclamar em tom de acusação:

— Por que você não me disse nada? Eu achava que se estivesse tão errado assim, os companheiros me chamariam a atenção. Como ninguém me censurou... fui caindo mais e mais...

Sentindo-se arrastado para o turbilhão alucinante, ainda teve tempo de gritar, com lágrimas na voz:

— Por que você não me repreendeu? Se tivesse brigado comigo, me desmoralizado, agredido... teria sido diferente.

Baixando a cabeça, Anastácio chorou amargamente. Aos poucos foi se acalmando. Precisava afastar-se dali, daquele forró diabólico, para mergulhar em reflexões que jamais lhe haviam passado pela cabeça, mas tinha medo das sombras e dos vultos ameaçadores que rondavam o local. Tropeçou e caiu sobre uma coisa mole que pulsava. Eram batimentos cardíacos desordenados. Horrorizado, viu que se tratava de um abortado, um Espírito que não conseguia desligar a mente da curetagem que sofrera e por isso permanecia assim, na forma de tecidos retalhados, em cuja intimidade sua vida psíquica pulsava em vibrações de dor e revolta.

— Essa, não! – exclamou comovido e ao mesmo tempo irado com o destino. — Desse aí, tenho certeza de não carregar nenhuma culpa. Nunca promovi nem permiti abortos.

Aquele punhado de tecidos movimentou-se, então, e de suas entranhas saiu uma voz lamentosa que disse:

— Eu fui levado a um Centro Espírita e fiquei esperando minha vez de ser atendido. Tinha certeza de que receberia alívio e poderia me recompor. Esperei pacientemente, enquanto você doutrinava um Espírito que havia sido assassinado. Parece que era alguém muito importante e você passou a maior parte da sessão conversando com ele, fazendo perguntas e mais perguntas. Quando finalmente chegou a minha vez, era hora de encerrar e você não me deixou incorporar. Eu me desesperei, então, e me agarrei à médium, mas você disse que devido ao avançado da hora ninguém mais poderia "receber" nenhum Espírito. Eu fiquei tão revoltado, com tanto ódio de você, que fui arrastado para este lugar.

— Ah, lembro-me do caso – exclamou Anastácio. – Mas, não tive culpa. Se os dirigentes não cuidam da disciplina, a sessão vira bagunça.

— Eu não queria bagunçar nada – gemeu o pobre Espírito. – Queria apenas alívio para o meu sofrimento, que era grande demais...

Anastácio começava a sentir-se na condição de réu.

Que situação! Quando pensava que seria recebido em regiões espirituais mais elevadas, quem sabe até por algum dos Ministros de Nosso Lar que viria parabenizá-lo por sua dedicação ao espiritismo ao longo de tantos anos... Em vez disso, ali estava ele, naquele horrível lugar e, o pior, sentindo-se culpado.

Olhou para aquele ser pulsante, perguntando a si mesmo: "O que será mais importante, a disciplina em nome da caridade, ou a caridade em nome do amor?"

Levantou-se decidido a afrontar a escuridão e os vultos rodantes, desde que conseguisse sair dali, daquele forró infernal que começava a atraí-lo com força hipnótica. Segurou em algo para não ser arrastado. Era o cabelo de uma mulher que gritou de dor.

Aquela voz...

Olhou-lhe o rosto e reconheceu Marieta que fora uma das melhores palestrantes do Centro.

— Você aqui, Anastácio? – perguntou, concluindo. – Não esperava que viesse para cá.

Já mais cauteloso, Anastácio balbuciou:

— É... nem eu esperava. Quanto a você, todos nós sabíamos como era ambiciosa e cruel. Pregava a bondade, mas explorava seus empregados, não dispensando qualquer falta.

Marieta, sentindo-se arrastada pelo turbilhão, agarrou-se a Anastácio, gritando:

— E você alguma vez me chamou às falas? Alguma vez procurou mostrar-me que estava errada?

Ah, isso já era demais. Então ele tinha culpa até pelos desmandos de alguém que conhecia a Doutrina melhor que qualquer outro e se dedicava a fazer belas palestras sobre as virtudes evangélicas? Mas antes que pudesse dizer qualquer coisa, a mulher concluiu:

— Se você ou qualquer outro dos companheiros tivesse me repreendido, abrindo-me os olhos para a minha própria conduta, com certeza eu teria repensado minhas posturas. Mas todos sempre ficaram calados, me aplaudindo e parabenizando pelas palestras que fazia...

— Deus do céu! – exclamou Anastácio para si mesmo. – Será que ela tem razão?

Pensou um pouco e perguntou, quase num murmúrio:

— Mas a caridade, a tolerância... onde ficam?

Marieta, com a voz embargada por um soluço, perguntou:

— Acha que é caridoso ver alguém se afundando nos próprios erros e não ajudar... nem que seja com uma chicotada?

Ia dizer mais alguma coisa mas o turbilhão hipnótico arrastou-a, deixando Anastácio boquiaberto, sem saber o que pensar. Começou a correr, tentando fugir daquele local, mas escorregou e caiu no pátio de um grande hospital. Ali, tudo era limpo e o silêncio contrastava com o ambiente barulhento de onde viera. Um enfermeiro aproximou-se e convidou-o a acompanhá-lo. Entraram num pavilhão onde algumas centenas de enfermos olhavam para ele com ar de súplica, como se ele, Anastácio, pudesse ajudá-los. Antes que tivesse tempo de externar seu pensamento, o enfermeiro disse:

— Não estranhes, Anastácio. Estes doentes são apenas parte daqueles que deixaram de ser atendidos, por sua culpa...

— Por minha culpa? Agora, tudo é culpa minha? – explodiu Anastácio, no auge dos conflitos que lhe desarmonizavam o íntimo.

Sentia-se revoltado, não querendo aceitar os novos enfoques que o vinham afrontando desde que desencarnara.

Indignado, por considerar-se injustiçado, continuou:

— Creio que está havendo algum terrível engano. Eu sempre procurei ser um bom Espírita. Bem... quero dizer, eu dediquei a minha vida inteira ao espiritismo e, principalmente, à doutrinação de Espíritos sofredores.

— É verdade – respondeu o enfermeiro. – Mas a sua tarefa sofreu muitos prejuízos por causa da sua vaidade e orgulho.

Ia responder à altura, insultado como se sentia, diante daquela acusação. Ele, que sempre pregara e praticara a humildade.

Mas qualquer coisa movia-se desagradavelmente em sua consciência e preferiu ouvir calado...

— ?!!!

— Sim, Anastácio. Sou eu o enfermeiro que conduz os Espíritos doentes ao socorro mediúnico no Centro onde você trabalhava. Os doentes deste pavilhão deveriam ter sido socorridos no grupo que se desfez, em razão de sua vaidade.

— Mas, eu não sou vaidoso – murmurou.

— É sim, meu caro. Você foi sempre considerado o melhor doutrinador da Casa e essa ideia lhe subiu à cabeça. No início, quando entrava na sala das reuniões, suas vibrações eram de amor e desejo de ajudar. Mas, aos poucos, começou a se inebriar com a admiração que sua doutrinação provocava em algumas pessoas, e em si mesmo. Desde então, quando entrava na sala, já era pensando em como falaria em tais e quais situações. Seu pensamento, em vez de buscar o Alto, ficava girando em torno dos temas brilhantes da doutrinação e, como você era o principal responsável pelo grupo, este começou a decair... até a extinção.

Anastácio arregalou os olhos diante do que começava a entender. Há poucas horas apenas, achava-se credor de excelentes serviços prestados ao plano espiritual... e agora...

O enfermeiro, no entanto, não deixou que concluísse o pensamento, convidando:

— Sente-se ali, naquele banco, para repousar um pouco, porque depois vou levá-lo até outro pavilhão. Lá você vai encontrar o arquivo onde está o dossiê de suas últimas existências na Terra. Vai conhecer o montante das faltas que cometeu em algumas das suas reencarnações e entender que durante todos esses anos de dedicação ao espiritismo, você não lhe fez qualquer favor. Bem ao contrário, o favorecido foi você mesmo pela possibilidade de resgatar parte das suas culpas, por meio de um trabalho de amor em benefício do próximo. Além disso, foi a sua grande oportunidade de crescer em valores positivos.

Anastácio estava aturdido. Já lera vários depoimentos de Espíritos que esperavam receber louros no mundo espiritual e deparavam com realidades amargas, mas jamais imaginara que ele próprio passaria por tal situação. Acreditava sinceramente ser merecedor de créditos especiais, e lhe informavam que sua conta estava em vermelho. Sentiu como se algo rasgasse suas entranhas, despedaçasse suas emoções, e pusesse em perigo seu equilíbrio mental. Sentou-se no banco que ficava sob uma frondosa árvore e entrou em meditação. Reviu seus atos bons e maus e penetrou até o âmago de suas intenções, descobrindo que raramente elas foram realmente puras; havia muita hipocrisia, até mesmo dele para com ele próprio.

Oh, arrependimento profundo e machucante! Ah, se pudesse voltar à vida, seria outro homem, um homem novo, aquele da reforma interior que tanto pregara e só agora entendia que não havia aplicado em si mesmo.

Lembrou-se dos casos de morte clínica, em que o morto voltava à vida. Quem sabe, ele pudesse retornar...

Atirou-se de joelhos, baixou a fronte com humildade, desta vez muito sincera, e começou a orar: "Meu Deus, tem piedade de mim, tem piedade de mim..."

Não conseguia dizer outra coisa. Qualquer promessa lhe cheirava a hipocrisia. O rosto molhado de pranto, a alma angustiada, sentia quanto era pequeno e digno de piedade, daquela mesma piedade que antigamente lhe despertavam os Espíritos maus e rebeldes, quando se mostravam arrependidos...

Alguém segurou seu braço e sacudiu-o com força, dizendo:

— Anastácio! Acorda, Anastácio... Para com isso. Você está chorando... deve ter sido algum pesadelo terrível...

Anastácio abriu os olhos. Custou a entender que estivera sonhando; que tudo aquilo fora um pesadelo, um sonho mau...

Sonho mau?

— Não, não foi um pesadelo – respondeu. – Foi o sonho mais lindo que já tive... o mais importante de toda a minha vida.

"Numa comunidade espírita as culpas de um atingem também aqueles que nada fazem para ajudá-lo a corrigir-se."

PRECE

Senhor dos Mundos, Excelso Criador de todas as coisas.

Estás presente na luz do Anjo e no coração humano.

Teu amor em tudo está... caminha com os ventos, dá leveza às águas e beleza ao pôr-do-sol.

Só nos falta abrir espaços maiores para esse amor em nosso viver.

Por isso te pedimos inspiração e assistência.

Ajuda-nos a desenvolver a fraternidade e a paz em nossos sentimentos, como um primeiro passo na conquista do amor universal.

Deixa-nos sentir esse amor vibrando em nossas emoções, envolvendo nossos corpos, para que essa divina harmonia chegue até o nosso inconsciente, eliminando ao menos um pouco, das sombras que nele ainda existem.

Guarda-nos, Altíssimo Pai, em tua luz.

DEZOITO ANOS, APENAS...

Apenas dezoito anos... O corpo estendido no chão, rijo e frio, parecia implorar ajuda. O rosto não expressava dor nem sofrimento, apenas a alucinante surpresa ante a morte inesperada.

Em meio à gritaria geral só Hermano permanecia em silêncio, traumatizado com o choque da ocorrência brutal, mas, em pensamento e com toda a emoção, suplicava ajuda a Deus por aquele Espírito que acabara de deixar o corpo físico em circunstâncias tão trágicas. Sendo espírita, sabia quão doloroso pode ser um desencarne prematuro, um "abandonar a raia" antes da época determinada.

Conhecia os pais de Anselmo desde os tempos de colégio. Carregara-o nos braços, trocara-lhe as fraldas inúmeras vezes e, agora, aquele anjinho louro transformado em homem, encontrava-se novamente indefeso, inerte e com medo do desconhecido.

Quantas vezes buscara alertar seus pais sobre a educação do menino. Lembrava-se com nitidez de certa tarde de domingo em que se entretinha em companhia de Oscar e Lídia, quando Anselmo contava dez anos de idade.

— Ainda é tempo – dizia-lhes – de se fazer alguma coisa. Não gosto de me intrometer assim, mas, acho que estão muito errados. O menino demonstra sérias tendências negativas e vocês não têm o mínimo pulso com ele.

— Você está fazendo tempestade num copo d'água – respondera Lídia. – Meu filho é um amor de menino e tem um coração de ouro. Isso de ele não querer estudar é coisa da idade. Conversei longamente com ele ontem sobre isso. Expliquei muitas coisas e ele prometeu que vai voltar a estudar direitinho.

— Promessas como essa ele já vem fazendo há dois anos. Não queira esconder o sol com a peneira, Lídia. Anselmo ainda não terminou o segundo ano. Falsifica as notas do boletim, inclusive a assinatura do coordenador. Passa o dia fora de casa e você nem sabe onde. Além disso já é a quarta vez que você o apanha roubando. Isso é muito sério...

— O que você quer que eu faça? Que bata no menino? Nunca...! Acho uma covardia alguém usar de força contra uma criança indefesa. Poderia criar traumas e revoltas prejudiciais para o resto da vida dele. Filho se cria com amor e conselhos. Em casos de maior necessidade pode-se aplicar um castigo. Aliás, isso nós temos feito. Ainda ontem Oscar proibiu Anselminho de sair com a bicicleta porque ele arrombou a porta do meu guarda-roupa.

Hermano sentia-se desanimado. Não adiantava tentar mostrar aos pais de Anselmo que o garoto estava seguindo por um caminho perigoso, mas mesmo assim, continuou:

— A criança é um ser que está iniciando mais uma etapa reencarnatória, trazendo no Espírito as tendências boas e más, adquiridas e cultivadas no decorrer das vidas passadas e essas tendências é que devem ser corrigidas, quando negativas, e alimentadas, quando positivas. Os pais não são proprietários de seus filhos, mas sim, depositários da responsabilidade de assisti-los durante os anos do recomeço, orientando e conduzindo para o bem e utilizando todas as suas possibilidades para que sua missão seja bem cumprida.

Fingindo não perceber o ar de desagrado do casal de amigos, pelo sermão, prosseguiu:

— A criança nasce trazendo no inconsciente as predisposições que adquiriu nas vidas passadas. Ela recomeça a vida na matéria na fase infantil quando, totalmente carente, fica na inteira dependência dos pais. Tudo lhe é estranho e desconhecido. Sua sobrevivência depende totalmente dos cuidados que lhe são dispensados. Aos poucos, começa a fazer contato com o exterior, aprendendo a comer, andar, brincar, vestir-se... mas sua experiência ainda não é suficiente para poder conduzir-se sozinha e deliberar sobre os próprios passos. Essa capacidade é aquisição muito lenta, tanto que as leis dos homens, muito sabiamente, só conferem maioridade, ou seja, responsabilidade pelos próprios atos, aos 18 anos de idade.

O casal de amigos parecia tocado pelas palavras de Hermano, que continuou:

— É óbvio que toda criança e, principalmente o adolescente, quer se "soltar". É um impulso natural da própria evolução, mas se você soltá-la, isto é, se lhe der o direito de se auto dirigir, ela se sentirá insegura, perdida e desamparada, embora muito satisfeita com a possibilidade de dar livre expansão aos impulsos do vulcão interior. Se, por outro lado, os pais lhe indicam as normas ou diretrizes pelas quais deve se conduzir e em caso de desobediência forçam-na a se manter dentro da linha programada, mesmo que para isso lhe apliquem castigos mais severos, ela poderá sentir-se revoltada mas ao mesmo tempo segura, por perceber nos pais a mão forte e firme, perfeitamente capaz de conduzi-la, até que esteja capacitada a caminhar por si mesma.

— Ser pai ou mãe – continuou Hermano, após breve silêncio – não pede apenas lutar e sacrificar-se para dar conforto e instrução aos filhos. Pede igualmente prepará-los para a vida, não para dela usufruírem qual parasitas, mas para colaborarem na grande obra de construção de um mundo melhor, mais pacífico, justo e equilibrado. A maioria dos pais não tem pulso para educar seus filhos. Cedem às suas vontades, muitas vezes por puro comodismo, acreditando erroneamente que dessa forma estão lhes demonstrando seu amor. Mas é preciso muito mais amor para aplicar no filho um castigo necessário, do que para fazer-lhe concessões, ou dar-lhe presentes. Quem ama realmente seu filho não mede sacrifícios, nem mesmo que esse sacrifício possa consistir numa possível diminuição do apreço filial por causa de um regime disciplinar mais rigoroso, visando educá-lo verdadeiramente, mas, por incrível que possa parecer, o castigo justo só faz cimentar na alma da criança maior confiança e carinho pelos pais. Amar o filho é procurar fazer dele um ser maduro, equilibrado e disciplinado, pois só assim terá maiores possibilidades para uma vida mais proveitosa e feliz no lar, no trabalho e na sociedade. Não pensem que fazendo todas as vontades de Anselmo, estão assegurando seu amor. Vocês o estão perdendo...

Aquelas palavras proféticas vinham agora à mente de Hermano.

Realmente, o garoto fora se perdendo cada vez mais, ante a forma como seus pais entendiam o amor aos filhos. Muito cedo começou a beber, criar casos, brigar e roubar, transformando-se no terror do bairro e, agora, era apenas um corpo estendido no chão, rijo e frio, parecendo suplicar por ajuda. Era agora uma criança livre, sem disciplina, sem pais nem amigos, sentindo vibrar em todo o seu ser espiritual o alucinante pavor da morte, do desconhecido... Ouvia, como de muito longe os gritos desesperados da mãe, mas o elo havia sido cortado por uma punhalada e agora ele estava só, acompanhado apenas pelo cortejo das recordações de uma vida errada. Só... dentro da morte, dentro do desconhecido.

"O pai que não faz seu filho chorar,
chorará por ele..."

PRECE

Senhor da Vida, Tu és luz e nós viemos de Ti, por isso também somos luz, na essência mais íntima do nosso ser.

Só que essas claridades ainda se encontram adormecidas, aguardando nosso crescimento espiritual a fim de começarem a brilhar em nós.

Então te pedimos, ajuda-nos em nosso crescimento interior, na vigilância e controle que devemos ter com nossos pensamentos, palavras, emoções e ações, a fim de que vibrem o mais possível no esplendor das tuas leis, no amor universal que emana de Ti.

Por tudo isso e por tudo o mais, te agradecemos, Senhor da Vida.

ANJO DA LUZ VERDE

Conta-se que recentemente a Terra foi visitada pelo Anjo da Luz Verde, o mais belo dos anjos que exercem atividades na Terra, e que é assim chamado porque traz no peito uma estrela muito brilhante, cuja cor é de um verde tênue e sua figura excelsa aparece envolta em luminosidade esverdeada. Na testa, bordada com minúsculas estrelas, vê-se escrita a palavra esperança.

Conta-se também que o mais formoso dos Anjos recebera das altas hierarquias siderais a missão de assistir os jovens da Terra, porque neles está a esperança de um futuro melhor, mas parece que nestas últimas décadas suas preocupações têm sido imensas, em razão dos relatórios que vêm recebendo da Terra e que falam em indolência, perversidade e vícios no seio da mocidade.

Diante disso, ao iniciar-se o novo ano, o Mensageiro do Senhor decidiu vir à Terra para observar "in loco" o que estava acontecendo.

Sua descida ocorreu no momento mais belo do crepúsculo, enquanto o Sol se despedia e as estrelas começavam a acenar do alto, em sua eterna mensagem de otimismo.

As flores reabriram suas pétalas, os pássaros afinaram as vozes e a brisa saiu à procura dos mais suaves perfumes, a fim de receberem com muito carinho tão augusto visitante.

E assim, envolto na vibração da esperança, o Anjo da Luz Verde acompanhado do Assistente Gideão, iniciou sua peregrinação pela Terra visitando os lugares preferidos pelos jovens.

Entraram primeiro em um cinema, onde a maioria dos espectadores contava menos de 20 anos de idade. No salão repleto, inúmeros casais se beijavam e se agarravam no auge da excitação sexual. Na tela, um filme pornô mostrava como os sublimes princípios de vida, de reprodução da vida, eram mercantilizados e utilizados de formas as mais estranhas e anormais, visando unicamente a satisfação dos apetites e dos instintos mais baixos.

Depois das devidas anotações feitas por Gideão saíram para a praça, onde vários jovens se entretinham, formando grupinhos. Aproximaram-se mais e puderam perceber que muitos deles fumavam maconha, crack, ou usavam outros entorpecentes, assistidos de perto por dois traficantes.

Num canto, outros conversavam em voz baixa, planejando roubos ou assaltos, que iriam praticar logo mais.

Entraram num bar, onde oito das doze mesas estavam ocupadas por jovens que fumavam, bebiam e conversavam ao som de música muito alta, tocada em ritmo alucinante. Acercaram-se de uma das mesas para ouvir o teor da conversa e retiraram-se entristecidos.

Diante do presenciado, o Anjo resolveu procurar os ambientes religiosos para ver como andava a fé nos corações juvenis. Na primeira igreja onde entraram ficaram por algum tempo observando a alegre cantoria de um grupo de jovens, ensaiando músicas de caráter religioso, visando a gravação de um CD. Na igreja seguinte, moças e rapazes atendiam o público que chegava. Resolveram esperar para assistir ao culto. O pregador, um homem de aparência muito dinâmica, citava o nome de Jesus a todo instante, mas algo estava errado. O Mestre, ali, era visto e cultuado como um provedor das necessidades materiais e dos desejos dos fiéis. E o mais estranho é que a sua atuação era condicionada ao montante dos donativos que fossem feitos à igreja.

— Vê, Gideão – comentou o Anjo – como as pessoas ainda confundem as coisas, ajeitando-as de acordo com seus interesses? Nesta igreja Jesus é o padrinho rico que dá tudo que o afilhado lhe pede...

— É triste ver como os homens custam a entender as verdades da vida e os mecanismos da Grande Lei – respondeu o Assistente.

— Por isso necessitam reencarnar tantas vezes nesta arena de lutas, alegrias e dores, crescendo mais e mais, até começarem a perceber que além dos desejos terrenos e dos chamamentos da matéria, o Universo infinito esplende glorioso, e que a voz do Pai convida à evolução.

Suspirou, concluindo:

— Um dia todos chegarão a esse nível de entendimento.

Assim os dois vararam a noite e parte do dia seguinte visitando locais de encontros de jovens. Na maioria das visitas acentuava-se a expressão de preocupação no rosto do Anjo, que comentava:

— Realmente, os relatórios que nos chegaram da Terra estavam exatos. Grande parcela da juventude parece perdida em meio à indolência, ao consumismo, aos vícios, aos prazeres da carne, àquilo que chamam de "curtições", bastante esquecidos de seu papel, como futuros construtores de um mundo melhor.

Após pequena pausa, concluiu:

— Certamente, saberemos colocar cada coisa em seu devido lugar e tudo a seu tempo, conforme a vontade do Pai, mas mesmo assim, ficaria mais aliviado se encontrasse algo realmente positivo e belo, partido daqueles que ainda contam poucos anos em sua atual existência.

Mal acabara de falar, sua atenção foi despertada por um grupinho de quatro jovens vestidos com simplicidade, carregando sacolas e que iam batendo de porta em porta.

Aproximaram-se para ver do que se tratava e observaram que eles pediam alimentos para poderem fazer a sopa das crianças no dia seguinte, no Centro Espírita a que estavam filiados.

O Anjo sorriu, feliz. A luz verde da estrela que ornava seu peito emitiu radiações cintilantes, que envolveram todo o quarteirão.

Vários Espíritos de aura luminosa, que se encontravam nas proximidades vieram ver o que estava acontecendo e logo uma brilhante comitiva espiritual passava a acompanhar os moços na tarefa que lhes parecia tão obscura. Estavam cansados e entristecidos porque tinham conseguido poucos alimentos e no dia seguinte 80 crianças carentes aguardariam, confiantes, a sopa que deveria saciar-lhes a fome.

Depois de mais uma porta que lhes foi fechada com uma ríspida negativa, encostaram-se a uma árvore próxima. Estavam beirando o desânimo, pelas tantas dificuldades que defrontavam a cada passo, principalmente junto aos companheiros que prometiam participar e sempre acabavam encontrando alguma justificativa para não comparecer.

Nesse instante, o Anjo, majestoso em sua beleza divinal, apontou para o pequeno grupo, exclamando:

— Eis aí o que eu procurava! Tudo o que vimos até agora representa o aspecto doloroso da nossa tarefa, porque em muitos casos teremos de solicitar os préstimos do Anjo Cinzento, que representa diante de Deus e dos homens, a dor e o sofrimento. Ele tomará conta dos nossos tutelados na medida de suas necessidades evolutivas. Mas esses aí, esse pequeno grupo simboliza o renascer da esperança, as primeiras claridades que já estão surgindo nos horizontes do mundo, anunciando um novo tempo.

As minúsculas estrelas que formavam na testa do Anjo a palavra Esperança brilhavam com maior intensidade, enquanto este se aproximava do grupo. Ergueu a mão sobre os jovens e elevando o olhar ao alto, orou:

— Pai... auxilia-os nesta jornada. Faz renascer em seus corações a confiança; multiplica as suas tarefas, para que a ociosidade não possa prejudicar as suas vidas.

E, num gesto rápido, tocou-lhes as frontes e nelas passou a brilhar, embora de forma invisível na dimensão material, bordada com pequenas estrelas luminosas, a palavra Esperança.

Os moços entreolharam-se e observaram que nova luz lhes brilhava no olhar, enquanto energias inesperadas lhes dinamizavam o corpo e a alma. Partiram então, alegres e confiantes, enquanto o Anjo da Luz Verde e sua excelsa comitiva seguiam em outra direção, a procura de outros jovens que estivessem precisando de sua presença.

PRECE

Senhor do universo, Altíssimo Pai.

Neste mundo tão envolvido em sombras, peço que me ajudes a despertar a luz que jaz adormecida no íntimo do meu ser.

Que ela brilhe na minha mente e no meu coração, irradie-se pela minha boca, iluminando o ambiente quando eu falar; que ela brilhe nas minhas mãos, para que eu possa pôr luz em cada coisa que tocar.

Que a Tua luz clareie os caminhos de todos nós, seres humanos, para que possamos nos harmonizar com as Tuas leis, com a natureza, com a vida... porque, com as mentes harmonizadas, podemos pensar melhor, com serenidade e equilíbrio, e com amor vibrando em nós, saberemos conduzir melhor nossas vidas, nossa fala, nossas ações.

Por tudo isso e por tudo o mais, te agradeço, Altíssimo Pai.

AS DOENÇAS DE JERUZA

Jeruza vivia doente. Quando não eram os rins que lhe doíam, era a garganta, sempre inflamada. Quando não era a dor de cabeça, eram o estômago ou a coluna seus motivos de sofrimento, e não se lembrava de ter vivido um dia sequer com saúde plena.

De dor em dor, depois de ter esgotado todos os recursos da medicina, resolveu arriscar e partiu a procura de ajuda por meio do espiritismo.

Nunca tinha entrado num Centro Espírita e foi com certo receio que cruzou seu limiar. Esperava encontrar ali pessoas com ar misterioso, ruídos estranhos ou Espíritos escondidos atrás das portas. Ia tão distraída com esses pensamentos que se assustou ao topar, logo na entrada, com uma jovem sorridente, a lhe perguntar o que desejava.

Observando aquele rosto, Jeruza buscava encontrar alguns dos indícios que imaginara e sentiu uma pontinha de desilusão ao ver que ali estava uma criatura comum, trajada com simplicidade e bom gosto, sem nada de misterioso nem de estranho. Sentiu-se mais confiante e passou a dizer a que vinha. Foi encaminhada para um salão, onde um senhor de ar tranquilo explicava o Evangelho para os presentes, enquanto uma senhora escrevia.

Aquelas explanações lhe pareceram cansativas e indigestas. Onde já se viu, semelhante absurdo? Dizer que alguém pode ter pedido a Deus para nascer num corpo doentio, só para não se ver envolvido em tentações? Imagine só, pedir doença!... Só mesmo na cabeça de fanáticos, como aquela gente.

Pensou em retirar-se, mas desistiu, temendo desagradar os Espíritos que, certamente, por ali rondavam.

Ao término da reunião a senhora que escrevia começou a ler seus escritos. Soube depois que eram escritos mediúnicos, ou psicografados.

— Tem alguém aqui chamada Jeruza Matos? – perguntou.

Quase deu um pulo na cadeira, com o susto. O que menos esperava era ouvir seu nome citado naquela sala. Ninguém a conhecia ali, portanto...

A custo, conseguiu levantar a mão num gesto afirmativo. Alguém foi até onde se encontrava, entregando-lhe algumas folhas de papel.

Assustada e meio trêmula começou a ler:

"Querida Jeruza. Eu e teu avô demos-te a intuição de procurar um Centro Espírita e fomos nós também que escolhemos o tema dos estudos de hoje".

Esfregou os olhos e leu de novo. Aquela letra era realmente de sua avó, mas esta falecera há muitos anos...

Olhou em torno, temendo ver-lhe o vulto fantasmagórico, mas tudo estava como antes e as pessoas continuavam atentas às palavras de encerramento da reunião.

Mais tranquila, continuou a leitura:

"— É muito triste vermos como pouco aproveitaste das lições que recebeste em nossa colônia espiritual, antes de retornares à matéria. Fomos consultar os arquivos e lá encontramos o requerimento que encaminhaste aos teus superiores, solicitando uma vida de lutas, para anular tuas fortes inclinações para a ociosidade. Pedias um corpo feioso para neutralizar a vaidade excessiva, que em outras vidas tanto te havia prejudicado. Pedias ainda o remédio espiritual da doença, como freio aos teus impulsos de crueldade e como chamamento à fé, reconhecendo que as almas infantis só procuram Deus nas horas de dor.

Todas as tuas solicitações foram atendidas e desceste à matéria imbuída dos melhores propósitos para tua evolução. Renasceste na Terra com a bênção da luta pela sobrevivência, de um corpo feioso, como antídoto a muitas tentações, e a doença tem sido tua companheira, como freio à tua falta de fraternidade e como chamamento à religiosidade. Mas, em vez de agradeceres ao Pai pela abençoada oportunidade de uma nova existência, vives a reclamar e a maldizer. As horas que deverias gastar na ajuda a teus irmãos em humanidade, tu as empregas em futilidades, quando não, em lamentações inúteis e deprimentes. Em vez de subires às regiões superiores do Espírito, a procura de Deus, preferes descer aos abismos da negação, mas, como apesar de tudo tens certos merecimentos, tivemos autorização para vir ajudar, embora, não exatamente como desejavas.

Que o Pai te ilumine para que possas dar novas diretrizes a teus pensamentos e passos".

A assinatura era de sua avó, a quem muito amara, e que voltara ao mundo espiritual há muitos anos.

Jeruza retornou ao lar, pensativa, disposta a não mais perder tempo com suas doenças.

Estava decidida a encontrar melhor emprego para suas horas. Finalmente, ia cuidar da própria evolução.

PRECE

Deus, inteligência suprema, causa primária de todas as coisas, abençoa a humanidade inteira; aos bons, fazendo-os ainda melhores e aos maus, ajudando-os a tornarem-se menos maus.

Dá alívio a toda dor e abraça com Tua ternura a todos que estão sofrendo.

Abre um espaço maior em nossos espíritos para a bondade, a honestidade, a justiça e a pureza de coração.

Reveste-nos com Tua paz e dá-nos sabedoria, para que possamos ser presenças benéficas, onde estivermos. Por tudo Te agradecemos, Soberano Pai de justiça e amor.

CATEGORIA CCC

Geraldino cumpria rigorosamente todos os preceitos de sua religião. Uma vez por semana ia à missa, comungava, e nunca se esquecia de qualquer detalhe que pudesse ser-lhe apresentado por São Pedro, capaz de barrar seu ingresso nas mansões celestiais, após a morte.

Achava-se muito inteligente. Talvez fosse apenas sagaz. Aos 52 anos, lograra aposentadoria com apenas 23 de serviço e, para matar o tempo, tomava diariamente o ônibus para o centro da cidade a fim de bater papo com amigos, comprar algumas frutas frescas e paquerar alguma garota que lhe desse "bola".

Ao voltar para casa, pouco antes do ponto onde desembarcava, o coletivo passava frente a uma igreja e Geraldino, como bom católico que era, jamais deixava de persignar-se. Como segurava a sacola das frutas com a mão esquerda, tinha de soltar a direita para fazer o sinal da cruz, e o motorista amigo, advertia:

— Cuidado, seu Geraldino! Numa dessas eu dou um freio e o senhor se machuca.

— Nem que eu morra... Pelo menos vou quites com minhas obrigações religiosas.

Dito e feito. Numa dessas, o ônibus freou bruscamente e Geraldino caiu, batendo a cabeça tão desastradamente, que desencarnou.

Meio tonto, sem saber ao certo o que estava acontecendo, com o passar das horas começou a desconfiar que morrera.

De fato, lá estava o caixão e o corpo (ah, era ele mesmo) sendo velado. A viúva, devidamente enegrecida pelo luto, só aliviava o ambiente de seus soluços, quando desmaiava; o filho mais velho, ativo como sempre, cuidava dos detalhes legais e a filha, sob efeito de comprimidos, dormia pesadamente.

É... a coisa era mesmo séria.

Andou para um lado e outro observando os presentes, e não fosse a preocupação com os próximos passos, bem que daria umas boas gargalhadas por toda aquela hipocrisia, pois era pública e notória a aversão da família por ele, principalmente depois da aposentadoria que lhe dava mais tempo para curtir as gatinhas e as bebedeiras dos fins de semana, que sempre acabavam com algumas coisas quebradas, nem que fosse a cara da esposa chorona ou de algum dos filhos.

Alguém acendeu um cigarro. Hum... aquele cheiro de tabaco... que vontade de fumar!!! Mas como, se estava morto? Teve ganas de dar uns bofetes no sujeito. Que falta de respeito, fumar num velório!

As horas transitavam lentas pelos ponteiros do grande relógio da sala e aquele cheiro de morte começava a dar-lhe nos nervos. Por onde andavam as caravanas dos anjos que deveriam escoltá-lo até São Pedro? Talvez estivessem aguardando o último procedimento religioso na Terra, o fecho de ouro, a encomenda do corpo, para que a alma pudesse, livre do peso dos pecados, alçar voo rumo ao Céu.

Parece que lhe assinalaram os pensamentos ou petições, porque a porta se abriu, dando passagem ao sacerdote que vinha cumprir esse piedoso mister. Mas o tempo passava, o dia já começava a clarear e nada do cortejo celestial.

— Talvez eles venham me recolher no cemitério – pensava Geraldino, roído pela preocupação.

Mas o caixão desceu à cova, coberto de flores e do alívio dos familiares, sem que os anjos dessem o ar da sua presença. O dia virou noite e voltou a ser dia, mas nada acontecia, ou melhor, começavam a acontecer coisas muito estranhas, deixando o recém-morto realmente apavorado: notava-se inchado, crescido, tumefacto e, horror dos horrores, sentia os vermes a lhe roerem a carne. Olhava as mãos e, aqui e ali a pele se abria surgindo a cabeça voraz do tapuru. Olhava de novo e nada via; estava tudo normal. Talvez fosse seu corpo apodrecendo no caixão que lhe transmitia tais e tão horrentes sensações.

Quis fugir do cemitério, sair correndo daquele lugar de alucinantes pavores, mas não conseguiu. Era impossível arredar pé de cima da sepultura, escapar àquele pesadelo cujas tenazes o prendiam ao reino da morte. Teve de suportar minuto a minuto o desfilar dos horrores e, quando finalmente a obra dos vermes estava concluída, chegou alguém com poderes bastantes para retirá-lo dali.

Ah, alívio! até que enfim seria conduzido a São Pedro. Certamente aquele santo guardião dos portões celestes iria reconhecer seus direitos, adquiridos ao longo da vida pela qual sempre transitara, obediente aos preceitos da Igreja. Era assim que pensava.

Mas não foi São Pedro quem o recebeu na "sala dos julgamentos". Pelo menos em nada se parecia com aquele santo, o homem que o olhava com certa piedade, segurando nas mãos uma ficha.

— Geraldino Morais Nogueira – disse o desconhecido em tom solene, continuando:

— Esta instituição analisou detalhadamente seu caso e você vai ser encaminhado para zonas inferiores, onde poderá purgar os erros de sua vida.

— Como? – gritou Geraldino, cheio de revolta e desespero. – Eu sempre cumpri rigorosamente as normas da Igreja e posso mesmo informá-lo de que vim para cá porque preferi morrer a deixar de obedecer a um preceito religioso.

— É verdade – continuou serenamente o homem da pasta – Mas, vejo na sua ficha que você sempre tirou vantagem de todas as situações: na repartição subiu às custas de imagens falsas que criou em torno de si e da reputação alheia, que tantas vezes manchou; no lar, foi um tirano e verdugo; na sociedade, aproveitou-se da ingenuidade de muitas jovens, sem falarmos da inveja que nutriu por algumas pessoas, da frieza que demonstrou quanto ao sofrimento do próximo e das centenas de horas de embriaguez e outras coisas semelhantes.

— Mas, os meus direitos... – balbuciou o infeliz.

— Terá tempo bastante para analisar melhor essa questão de direitos e deveres – continuou o representante daquela "estranha justiça", concluindo:

— Dessa forma, numa futura encarnação, saberá usar melhor esses direitos e a liberdade que a vida lhe der. Por agora, seu caminho é por ali...

A mão do homem apontou-lhe um caminho escuro, viscoso e escorregadio, que descia para o reino das sombras, enquanto força irresistível o arrastava naquela direção. E enquanto seguia no rumo de seu novo destino, pôde ainda ouvir o homem da pasta dizer ao ajudante:

— Arquive na categoria CCC.

— Categoria CCC? – perguntou o auxiliar.

— Sim – respondeu o da pasta, concluindo:

— Essa é a categoria dos que confundem conduta com crença.

NOITES RUBRAS

A noite se despedia da madrugada num sorriso irônico para Maria Zilda. Sentada na rede mísera, percebia, preocupada e aflita, o recrudescer da doença que havia culminado naquela crise pavorosa, em que a hemoptise a deixara tão abatida.

Num esforço imenso para povoar a mente vazia, buscou recordar-se de como tudo começara: a tosse, a febre indo e voltando, o cansaço tão grande que mal lhe permitia umas poucas costuras... o suficiente para pagar o barraco e comer alguma coisa de vez em quando.

Estendeu a mão trêmula pela fome e a febre, buscando a caixa dos comprimidos: vazia. Alías, já não fazia diferença. O doutor lhe dissera na véspera que seu caso se complicara (que novidade!...) e que agora, só mesmo o internamento, que ele talvez pudesse conseguir. O problema era a medicação que ela teria de tomar, tão cara que estava totalmente fora de cogitação.

Lembrou-se da expressão do médico ao lhe perguntar se tinha algum parente rico que pudesse custe-ar-lhe o tratamento.

Não, não tinha... nem rico nem pobre. Era só no mundo.

— Vamos ter fé... Talvez um milagre...

O Doutor baixara os olhos ao dizer isto, porque não acreditava em milagres.

Maria Zilda procurou uma posição mais confortável, pensou mais um pouco e achou que a solução era conformar-se com a morte que se avizinhava. Mas, era ainda tão jovem... 26 anos apenas. E o medo do sofrimento, das crises se agravando, das noites tingidas de rubro e de solidão... Não! Não conseguia conformar-se.

As noites foram chegando umas após outras, com seus esgares irônicos, e novas madrugadas iam surgindo, com esperanças sempre renovadas a se perderem de novo em noites de agonia, e à sua mente chegavam palavras que ouvira, não sabia onde, que diziam ser a solidariedade uma flor que só nasce onde há possibilidade de troco ou de recompensa. Tal ideia apavorou-a mais ainda e, na solidão do barraco, na expectativa angustiante de novas noites tingidas de rubro, atirou-se de joelhos no chão imundo, ergueu as mãos como criança em súplica e orou, implorando a Jesus que a ajudasse.

Ouviu ao longe cânticos natalinos. Alguém prestava homenagem ao Menino Jesus. Seria noite de Natal?

Lembrou-se de quando era criança, dos braços acolhedores da mãe, da voz serena do pai e, chorou! Chorou e pediu mais uma vez ao Mestre que a deixasse viver. Que fosse aquela noite santa, a noite dos milagres, a hora primeira da sua salvação.

No hospital, o Doutor de plantão ouvindo os sinos repicarem, lembrou-se daquela jovem cujo olhar refletia a ânsia de continuar vivendo e, enterneceu-se. A oração da enferma vibrou com tal intensidade nas claridades dos céus, que conseguiu refletir-se na alma do médico humanitário e este, de repente, lembrou-se de alguém muito influente que lhe devia vários favores e que teria poderes para conseguir tanto o internamento, quanto os remédios para a jovem. Apesar da hora imprópria o Doutor pegou o telefone e discou...

Não sabia, Maria Zilda, quanto tempo estivera assim, em oração. Mas as primeiras claridades do dia vieram refletir em seus olhos a luz da esperança e, sem saber que havia conseguido, que a ambulância já estava a caminho, agradeceu a Deus e ao Menino Jesus pelo milagre maior da vida... a sua vida... por mais curta que tivesse de ser.

Era Natal.

PRECE

Senhor dos mundos, excelso criador de todas as coisas,

Tu és luz, és a paz, és vida, és o amor...

Por isso Te peço, ajuda-me a amar o meu ser com profundo amor, porque saí das Tuas luminosas mãos; ajuda-me a amar o meu próximo com profundo amor porque ele também saiu das Tuas luminosas mãos; ajuda-me a amar todos os seres e todas as coisas, porque tudo que existe, tudo que há foi criado e é mantido por Ti, pela energia de vida que emana do Teu soberano amor.

Guarda toda a humanidade, Senhor dos Mundos, na Tua luz.

ERA MÉDIUM E NÃO SABIA

Era médium e não sabia. Não que desconhecesse o fenômeno, apenas jamais lhe passara pela mente atribuir à mediunidade as coisas estranhas que lhe vinham ocorrendo. Além disso, como aceitar a "pecaminosa" hipótese de um religioso a relacionar-se com almas penadas, Espíritos perturbadores e maléficos, e demais habitantes do "astral" inferior? Isto, porque o "astral" superior ainda não se fizera presente às suas percepções, numa ausência assustadora e até mesmo humilhante. O mínimo a se esperar seriam contatos com Santos de terceira e até mesmo de segunda categoria, já que os de primeira, pela lógica, deveriam andar muito ocupados a cuidarem dos inúmeros interesses da Religião.

É verdade que logo desistira da ideia de contatar com os Santos, porque não tinha a consciência muito limpa. Alguns frutos de amores clandestinos se ocultavam sob suas vestes religiosas e, talvez, por esse motivo, ainda não conseguira aceitar a ideia de trocar a batina por roupas comuns. Além disso, era um tanto vaidoso, orgulhoso e incrivelmente guloso, pecados graves. Evidentemente, não era o único religioso errado. Encontrava-os a cada passo e nas mais diversas religiões. Acreditava erroneamente que o hábito faz o monge, e se consolava achando que por fim seria perdoado, desde que partisse para o "outro lado", bem encomendado.

E assim levara sua vidinha tranquilamente até que começaram os fenômenos. Seus dias passaram a ser aflitivos, com sensações angustiantes, e as noites vinham atreladas a pesadelos atrozes. Só conseguia sentir-se um pouco melhor quando rezava. As penitências ordenadas por seus superiores também não surtiram efeito e, agora, a coisa culminava em visões que o acompanhavam, onde estivesse.

Na véspera, ao deitar-se para o repouso noturno, sentira o corpo enrijecer, a respiração lenta e profunda, um zunido estranho nos ouvidos e aos poucos fora se desprendendo do organismo carnal, seguindo rapidamente rumo ao desconhecido. Primeiro, o deserto árido e triste, com alguns cactos a erguerem seus espinhos em súplica inútil, por um pouco de água. Mais adiante, uns rochedos que atravessou sem sentir, vendo-se numa caverna fria e escura, por onde descia rapidamente, sem saber onde iria parar.

Chegou finalmente a um vale abismal, escuro e cheio de fumaça e névoa. Foi saudado por uma sequência de gritos e lamentações, seguidos de gargalhadas diabólicas, que lhe faziam arrepiar os cabelos. Algumas árvores ressequidas e sem folhas estorciam-se ao vento, e teve a impressão de que eram seres humanos a contorcer-se na violência da tempestade e, junto com os silvos da ventania, pareceu-lhe ouvir suas dolorosas lamentações. Mais adiante, numa pequena clareira iluminada por algumas tochas de luz avermelhada, um homem com expressão animalizada segurava nos braços uma mulher, que em seguida atirava para cima, enquanto outro companheiro colocava uma espécie de tapete cheio de espinhos no lugar onde ela ia cair. Os gritos da mulher misturavam-se ao gargalhar satânico daquelas criaturas e ele próprio sentiu vontade de também gargalhar, gritar ou uivar.

Horrores semelhantes iam-se sucedendo ao longo da terrível jornada até que, finalmente, exausto e a ponto de perder a razão, retornou ao corpo físico, sentindo-se gelado e molhado de suor frio. – Pouco a pouco conseguiu ir movendo os dedos, depois as mãos e os pés, até recobrar plenamente o domínio do organismo carnal. Ao amanhecer vestiu-se às pressas e saiu a procura de um velho amigo espírita, que talvez pudesse socorrê-lo.

— Não tenho a menor dúvida – disse-lhe Estêvão, depois de ouvi-lo com atenção. – Você é médium. O que aconteceu foi um desprendimento de seu corpo espiritual, no qual você fez uma excursão às regiões inferiores do Umbral, assistindo e observando alguns dos horrores que acontecem por lá. Para essas regiões são atraídas, após a morte do corpo físico, as pessoas que muito erraram, ludibriando ou tentando ludibriar a própria consciência. São criaturas que pelo seu mau viver condicionaram seus corpos espirituais a vibrações mais lentas ou pesadas. Por isso, como os semelhantes se atraem, são atraídas a essas regiões de dor, horror e desespero, após a morte.

Mais preocupado ainda, o pároco perguntou:

— Você quer dizer que estive no Inferno?

— De certa forma, sim – explicou pacientemente Estêvão. Só que aqueles seres não estão condenados às penas eternas, nem Deus se esqueceu deles. Estão ali purgando suas culpas e conforme forem se arrependendo sinceramente, vão sendo acolhidos em Instituições de trabalho e aprendizado em outras faixas do plano espiritual, ou então orientados para nova reencarnação, retornando à matéria, pelas portas do berço.

Alguns meses mais tarde vamos encontrar o nosso bom religioso frequentando, às ocultas, uma sessão espírita particular na casa do amigo Estêvão, "recebendo" Espíritos sofredores. Eram entidades que ele ia buscar nas regiões do Umbral Inferior durante seus desdobramentos, praticando dessa forma a caridade mais plena e garantindo para si mesmo equilíbrio psíquico e mental.

Além disso, conseguia entender agora que o "hábito, realmente, não faz o monge" e que cada pessoa, seja quem for, é responsável diante de Deus pelos seus atos, tendo que responder, mais cedo ou mais tarde, pelo mal que fizer, ou pelo bem que deixar de fazer.

O VENTO RODOPIOU

Era domingo, tarde amena, céu sem nuvens.

À sombra do alpendre Marta balançava-se na rede, olhando as próprias mãos. Como estavam envelhecidas, enrugadas, meio disformes.

Pensou na utilidade das mãos, no quanto elas já haviam servido a ela própria e a tanta gente. Beijou-as com emoção, amando as rugas e as manchas deixadas pela idade. Respirou fundo sentindo a energia cintilante, despejada pelo sol, penetrar em seu corpo em ondas de vida.

Estava só, mas a solidão não lhe pesava. Havia vida em torno de si. Para onde dirigisse os olhos a encontrava: nas pequenas formigas que subiam pelo tronco que sustentava o alpendre, no voo solitário da borboleta com as cores vivas e brilhantes que exibia, no marulhar das águas do córrego, no trinar dos pássaros... O ambiente estava cheio de sons, vozes de vida falando em Deus.

Felizmente, tinha entendido a tempo que era preciso deixar Deus ocupar seus espaços interiores, para que não fossem tomados por outras forças tais como a malquerença e a amargura.

Aos poucos, e com muito esforço, havia conseguido esse "status" interior: metade amor, metade alegria de viver.

Para Marta, a vida cantava em tudo... E cantou num pé de vento que tocou-lhe o rosto e rodopiou em seus cabelos, chamando-lhe à memória a viagem, quase oculta nas rugas do tempo, que fizera da cidade até aquela estância rural, quando jovem recém-casada. Os amigos haviam colocado um sofá na boleia do caminhão e uma cesta com flores e guloseimas para a longa viagem que rodou tranquila, embalada em carinhos e felicidade. O sol brilhante fulgurando no espaço induzia a natureza a cantar a alegria de ser, estar e viver. Os rodopios do vento jogavam-lhe os cabelos sobre o rosto e Antônio os afastava em gestos de ternura para contemplar, feliz, a felicidade a se expressar no semblante da companheira.

O tempo a tudo havia mudado, ou quase tudo, porque no íntimo Marta era a mesma, ou estava ainda melhor. Não, que a vida lhe tivesse sido fácil, ao contrário, fora complicada, cheia de dificuldades e imprevistos, mas para ela o importante não era tanto vencer as dificuldades, mas como fazê-lo, e nesse como crescera muito... por dentro.

Meditou nas leis de Deus. Como são sábias, perfeitas. Como acionam os mecanismos da vida, permitindo aos seres escolherem a vontade e com plena liberdade os próprios caminhos. E essa liberdade, pela graça divina, é justamente o recurso mais belo da evolução por possibilitar o tranquilo amadurecer da alma no percurso de suas livres escolhas.

Marta riu e sentiu vontade de abraçar-se, parabenizando a si mesma pelas escolhas que soubera fazer, por jamais ter permitido que os pesos da vida lhe vergassem a cabeça e voltassem seu olhar para baixo; por não haver dado espaços aos recalques, amargura e desamor que teimavam em acenar-lhe com suas negras bandeiras.

E nesse fluir do contentamento dava graças ao Soberano Senhor por tudo que colocara em seus caminhos.

O vento rodopiava em seus cabelos grisalhos enquanto agradecia ao Criador pelos dias do ontem, pelo presente e pelo futuro, nele vendo luz apesar da velhice e da morte carnal que se aproximava.

O vento voltou a rodopiar, brincando com as luzes que os pensamentos de Marta geravam.

PRECE

Senhor dos Mundos, quero agradecer-Te pela natureza e por tudo que ela nos dá; pelos irmãos de jornada, a amizade e o amor; pelo trabalho ganha-pão e as experiências que ele proporciona.

Graças dou pela alegria que é boa para o nosso viver e pelas tristezas que nos ensinam a refletir; pela escuridão na noite e as claridades do amanhecer, que trazem a cada dia renovadas esperanças ao coração.

Graças dou pelo meu lar, minha família e por tudo o mais, porque em tudo encontramos lições de vida neste caminho de evolução, em busca de felicidade, em busca da perfeição.

Graças Te dou, Senhor, pela vida... A vida que encerra todos os mistérios da evolução, a ciência cósmica que vamos descobrindo pouco a pouco.

Graças dou pela paz, pela alegria e, acima de tudo, pelo amor e a justiça das Tuas leis.

Fica Senhor, conosco, para alegrar nossos corações, agora e sempre.

A FESTA

O convite estava de pé.

Seria uma festa e tanto, bem diferente das que conhecia. A certa altura, quando o álcool e as drogas já se encontrassem bem instalados no poleiro cerebral, o pessoal começaria a brincadeira. A metade da turma, rapazes e moças, receberia cada um a chave de um quarto. Luzes apagadas, para maior suspense. Em seguida, o restante da turma iria entrando, um em cada quarto, sem saber quem estaria ali. Dessa forma, alguns dos aposentos seriam ocupados por dois rapazes ou por duas garotas, mas isso não faria diferença e o ato sexual teria de acontecer de qualquer maneira. Diziam que seria uma nova experiência, um grito de liberdade, a afirmação da soberania individual, a luta contra os tabus. Com esse ato, todos estavam assumindo o que faziam. Era muito importante isso de "assumir".

Augusto não sabia o que fazer. Afinal, nunca tivera experiências homossexuais, apesar de sua natureza delicada, sensível, um tanto quanto feminina.

E se lhe coubesse um rapaz, como parceiro de orgia?

Pensou em "bater um papo" com a mãe. Talvez ela pudesse aconselhar. Aliás, ela sempre fora além de mãe, uma grande amiga. Mas o "barato" era justamente a liberdade, o "assumir" qualquer ato, sem a influência de terceiros, principalmente se fossem mais velhos. Era melhor nada dizer.

Augusto não podia imaginar que naquele instante estava definindo seu destino. Gostava de arte e de curtição. Possuía certas inclinações estranhas; adorava roupas transadas, muito loucas e, até o momento, tivera poucas experiências sexuais, sempre com o sexo oposto, mas a fragilidade das garotas levava-o a sentir-se mais frágil ainda e bastante inseguro.

Na verdade, Augusto era do tipo transexual, ou seja, portador de características psíquicas masculinas e femininas, embora sua libido fosse normal. Esse fato, por vezes, deixava-o aflito, como se a sua realidade estivesse dividida e precisasse juntar esses pedaços.

A festa começou como todas as outras, com muita bebida, música e dança. O álcool subia à cabeça, tornando-a mais leve... livre de preconceitos e proibições. Olhou em torno. Uma garota feiosa, meio inibida, aproximou-se procurando companhia. Levantou-se e saiu para o jardim. Não estava a fim.

Recostado num banco, um jovem de copo na mão, exibia o dorso nu. Pele queimada de sol, cobrindo musculatura vibrante de força e virilidade. Sentou-se perto, sentindo a simpatia que irradiava e, além da simpatia, uma sensação de autoconfiança.

Já bastante alcoolizado procurou pensar em si mesmo como um ser sexual a praticar anomalias em nome da liberdade, do prazer. Agradável arrepio correu-lhe pelo corpo. Sentiu-se excitado. Aquela ideia de “fazer sexo” com outro homem havia entrado em sua cabeça como possibilidade, mas agora, diante daquele jovem, tomava formas de realidade.

A música parou. Chegara o melhor momento da festa. As chaves dos quartos entregues à metade da turma, luzes apagadas. Contaram até trinta e começaram a procurar os quartos, em busca de prazer.

Augusto passou por duas portas, parou na terceira e... entrou. No escuro, apenas leve respiração. Aproximou-se meio assustado, antecipando o prazer. A vista, já mais habituada à penumbra, começou a identificar o dorso nu, a pele queimada, cobrindo musculatura vibrante de força e virilidade.

Entregou-se sem preconceitos, atraído por aquele corpo queimado de sol, sem que a consciência se manifestasse, afogada como se encontrava em álcool.

Essa foi a primeira vez, mas não a última. A simpatia inicial cresceu com a quebra dos tabus, e com mais alguns meses Augusto declarava a si mesmo, de forma definitiva, que era homossexual. Nascera num corpo errado, dizia à própria consciência; a culpa não seria sua, mas de quem o criou, de quem fez nascer um ser de alma sensível em corpo masculino.

Muito tempo se passou e muitas dores rolaram suas sombras por sobre a alma de Augusto. O jovem de dorso nu, sua paixão, seu amor, logo se cansou, viajou, foi embora. De nada valeram lágrimas ou rogativas, nem mesmo ofertas ou ameaças. Viu-se só, desfolhado de sua dignidade, lesado em seus mais fortes sentimentos.

Depois que a onda passou, que a pílula desceu, pensou em recomeçar, em ser de novo o Augusto de antes, mesmo indefinido em suas inclinações, mas não conseguiu. Sua libido voltava-se agora, com força assustadora, para o sexo masculino. Amou, odiou, machucou-se e machucou enquanto a vida corria e, nessa corrida, seu lugar acabou sendo a rua, a praça, a esquina, a procura de qualquer um...

Sentiu-se doente. Há vários meses vinha notando sintomas preocupantes até que se decidiu a procurar o médico. Exames daqui, exames de lá e veio o diagnóstico, sentença de morte num nome tão curto e vil.

Olhou para o doutor, assombrado. Os olhos grandes no rosto esquálido gritavam seu desespero, sua dor. Mas não disse palavra porque viu na face do esculápio leve esgar de escárnio, certo ar de desprezo. Não, não daria o braço a torcer. O doutor jamais saberia que naquele corpo maltratado, vergastado por apetites sexuais distorcidos, naquele sangue sem imunidades estava uma alma que sofria terrivelmente e a cujos olhos a morte começava a se apresentar como juiz libertador.

Mas não era só a morte, era também a dor, o sofrimento terrível, as noites pardas de diarreias e suores gélidos, antecipando o frio da sepultura. Era a ausência de amigos, parentes e até mesmo de meros conhecidos; a falta de calor humano, um gesto que fosse de solidariedade. Era o terrível estigma da Aids que iria acompanhá-lo até o fim.

Como iria viver agora, à espera desse fim? Como se manteria?

Lembrou-se do pai, a mãe já morrera. Talvez ele se apiedasse de sua situação e o chamasse de volta ao lar... o lar de sua infância, de sua inocência. Afinal, era filho único.

Mas não foi assim. A carta resposta chegou lacônica e fria, comunicando que no banco tal Augusto encontraria mensalmente o suficiente para pagar quarto e comida. Só isso. Era o angustiante cerrar de todas as portas, inclusive as do coração paterno, e com elas morriam também todas as suas esperanças, aquelas que ainda nutria em alguma dobra dos sentimentos. Aquela carta era a sentença final, fatal. Era a decisão do tribunal da vida, expulsando-o da coletividade humana.

Recostado ao leito, alguns livros à cabeceira, o olhar de Augusto vagava pelas paredes nuas e sujas, buscando respostas, explicações para os grandes dramas da vida. Ao pensamento subiam lembranças de tantos fatos e atos, de tantos amores e orgias, na liberdade plena daqueles que não tem preconceitos... daqueles que "assumem" o que acham que são.

Não lhe restava outra alternativa que continuar "assumindo"...

PRECE

Senhor da Vida, Pai de todos nós, somos seres em evolução, em crescimento, à procura da perfeição e da felicidade.

Só que muitas vezes nos desviamos do caminho e partimos para a agressão...

Agredimos a vida, o próximo e a nós mesmos, e depois nos afundamos num mar de sofrimentos, que acabam nos ensinando o caminho do respeito e da responsabilidade.

Dá-nos Pai, Tua mão generosa e santa, e nos conduz pelos caminhos da verdade, do bem, da justiça e do amor, agora e sempre.

HOMEM-MENINO

O dia findava cálido e tristonho, enquanto a noite vestia a terra com escuro capuz.

Os passos se alongavam no caminho e o coração palpitava mais forte, na expectativa do regresso. A casa paterna, abandonada de maneira tão intempestiva, assemelhava-se-lhe agora a um oásis de luz e de paz, em meio ao deserto árido de sua vida.

Apressou mais o passo que já se fazia célere, e o corpo quase voava na sofreguidão do chegar.

Quantas lembranças aquele velho casarão despertava em suas emoções.

A memória voltando no tempo, devolvia-o à infância distante que abrigara seus folguedos de criança. Ali, em meio à natureza, cercado de colinas verdejantes, transcorreram os anos mais felizes de sua vida e, agora, depois de ausência tão longa, marcada pela dureza da competição, voltava ao lar.

Mas a meninice fora embora e, com ela, a inocência e a candura de seu coração. Era agora alguém cuja alma o pincel da vida havia marcado.

Parou junto à porta com medo de entrar. Sentia que iria reencontrar, embora modificada, a sua infância. Ali, na soleira, no silêncio do crepúsculo, já não sabia ao certo se era homem ou menino.

Ah, doçura infinita do velho e querido lar. Cada canto era um cântico de saudade e até mesmo a poeira do chão lhe compartilhara a existência; era parte de sua história.

Chegava cansado, marcado pela vida. Correra à procura de fazer-se homem, como se homem também não pudesse ser criança. Quisera ter poder, ser respeitado ou temido, abarcar o mundo com as mãos, subir ao alto do pedestal e ver à sua frente as faces submissas, vergando-se obedientes, a uma ordem sua. Mas para chegar lá, conseguir seu intento, teve de abafar a consciência, praticar ações das quais agora, ali, quase diante dos velhos pais, sentia vergonha.

A um passo do aconchego do ninho que o vira crescer, ouvindo por detrás da porta a voz de sua mãe e a palavra serena e sempre sábia de seu pai, sentiu-se exatamente aquele filho pródigo da parábola que Jesus contou. Estava de volta ao lar paterno, farto do mundo e de suas ilusões, ansioso por colher de novo as flores do sorriso nos lábios de sua mãe e ofertar-lhe, com toda a pureza de antes, os sentimentos mais belos que abrigara no coração.

Quando ao longo de tantas jornadas, tantos caminhos e descaminhos, acreditava ser um homem maduro e experiente, compreendeu que só agora, ao sentir-se de novo criança, é que poderia realmente crescer e vir a ser plenamente um homem.

UMA QUEDA BOBA

As coisas começaram a dar errado na vida de Antônia. Primeiro, a carta da mãe dizendo que o Claudinho estava doente e que ela mandasse o dinheiro para os remédios. Mas como, se o seu salário de doméstica já enviava quase todo à mãe, no interior, para as despesas com o filho?

Pensou em pedir um adiantamento, mas o patrão andava de mau humor. Os negócios não iam bem. O jeito era dar um tempo.

Aí, foi a queda. Uma queda boba sem nenhuma razão, mas o pé sofreu uma coisa... um nome esquisito que o médico deu e que precisava ficar engessado.

Ah, coisinha para incomodar! E como se tudo isso não fosse o bastante para infernizar sua vida, descobrira que o Geraldo, o seu homem, estava de caso com outra.

Isso aí foi demais! Os problemas de dinheiro, os remédios do filho e até mesmo o pé engessado, eram coisas suportáveis. Mas o Geraldo... ah, o Geraldo. Nem gostava de lembrar, que dava um nó no coração. Aquela voz grave e macia dizendo palavras ternas em seu ouvido; os braços fortes a lhe enlaçarem o corpo. Como se sentia bem com ele! Os momentos em que ficavam juntos, aquelas poucas horas, alimentavam suas necessidades de afeto e segurança para o resto da semana. E agora outra mulher lhe invadira a vida, roubando o que ela possuía de mais necessário ao seu existir.

Revoltou-se, enfureceu-se, e um terrível ódio começou a invadir seu espírito.

Precisava vingar-se... Vingar-se daquele homem que a estava traindo assim, de maneira tão infame.

Não, não! Em vez da vingança seria melhor, muito melhor, mandar fazer um "trabalho", daqueles que ela tão bem conhecia, para afastar a outra e trazer o Geraldo de volta. A outra, essa sim, poderia sentir todo o peso do seu ódio.

Conhecia um Terreiro acolá, especialista em trabalhos dessa natureza, mas era preciso esperar o pé ficar bom.

Nesse meio tempo a prima Tiana veio buscá-la para um fim de semana em sua casa. Conversa vai, conversa vem, e alguém falou num médium muito bom, ali, pelas redondezas. Antônia se animou. Iria até lá, nem que fosse pulando com um só pé.

Os médiuns que ela conhecia gostavam de "trabalhos" daquele tipo. Era só pedir e pagar.

Certamente esse de que falavam não faria nenhuma objeção. Aliás, para ela, a mediunidade existia para isso mesmo: resolver os problemas das pessoas.

À noitinha, apoiada nas primas, Antônia conseguiu chegar à casinha modesta onde o médium se encontrava incorporado com um Espírito, que informaram ser o velho Tião. Quem seria esse velho Tião?

Olhou em torno e sentiu-se pouco à vontade. O ambiente era um tanto diferente daqueles que conhecia.

Ali via algumas pessoas doentes, outras perturbadas, aguardando a vez. Na parede um quadro com a frase: "O silêncio é prece".

Sem perceber ficou repetindo mentalmente: prece... o silêncio é prece...

De repente, não entendia bem porquê, começou a ter certa vergonha daquilo que pretendia pedir. Sentia-se algo assim como uma pessoa com os pés enlameados numa casa muito limpa.

Ideias diferentes passaram a se formar em sua mente e pela primeira vez questionou sua decisão de recorrer à macumba para solução de problemas e realização de vinganças. E, quando finalmente foi chamada para falar com o Espírito, o velho Tião, já estava decidida a não pedir desforras.

— Como passa, minha filha?

Essas palavras interromperam o fluxo dos pensamentos de Antônia.

— Bem – respondeu. – Quero dizer, mais ou menos.

— Senta aqui, minha filha... aqui, pertinho do velho.

Antônia sentiu-se estremecer. Aquela voz tão meiga, tão sincera, lembrava seu próprio pai que perdera aos 7 anos. Emoção profunda invadiu seus sentimentos e pôs-se a chorar. Velho Tião afagou-lhe os cabelos sem tentar estancar o fluxo das lágrimas. Elas eram importantes para liberar tanta mágoa reprimida, tanto sentimento machucado no decorrer dos anos, e, quando finalmente a moça conseguiu se acalmar, o velho perguntou:

— Que é que tá lhe maltratando tanto assim o coração, hein?

— É que o Geraldo me deixou... me deixou por outra – respondeu Antônia, amargurada.

— E você estava querendo se vingar, não é?

A pergunta do velho Tião explodiu como bomba no coração da moça, que não conseguia articular palavra.

— Sua vida de repente começou a desandar, não é, filha? Foi tanta coisa ruim ao mesmo tempo, que você pensou que fosse macumba.

Com os olhos arregalados, Antônia perguntou:

— Como é que o senhor sabe?

O velho riu e continuou:

— Realmente é macumba... e da braba. Só que, quem botou não é a pessoa que você está pensando.

— E quem foi, então?

— Você – retrucou o velho, tranquilamente. – Você mesma...

— Eu?... – exclamou Antônia, no auge do espanto.

— Deixa ver – continuou o velho Tião, encostando--lhe a mão na testa. – Hum... lembra de uma vez em que você se aborreceu com sua patroa?

A jovem ficou calada. Lembrava-se muito bem. Trabalhava para o Dr. Cirino há muitos anos, desde quando ele vivia com a primeira mulher. Depois veio a separação e, algum tempo mais tarde, o patrão resolveu casar-se de novo. Não gostara da ideia; já estava acostumada àquela vida mansa, de pouco fazer e, agora, a nova patroa exigia dela muito mais atenção e melhores cuidados com a casa. Um dia, só porque deixara a comida queimar um pouco, distraída com a novela, aquela intrusa lhe chamara a atenção com muita severidade e, isso não iria ficar assim!

E não ficou. Na primeira oportunidade, lá no Terreiro que frequentava, cuidou de encomendar um "trabalhinho" para a patroa; alguma coisa que deveria desmantelar aquele casamento. Mas, apesar de algumas brigas meio quentes entre o casal, a intrusa continuava no ninho.

— Está vendo só, minha filha? – continuou o velho, como se estivesse lendo seus pensamentos. – Todo o mal que nós fazemos, sempre recebemos de volta. A sua vida começou a se desmantelar depois que você passou a vibrar mal em relação à sua patroa e encomendar aos Espíritos inferiores coisas tão terríveis quanto essa de desmanchar um lar.

Antônia permanecia muda de espanto e também de vergonha. O velho continuou:

— E não é só você, minha filha. Milhares de pessoas neste Brasil sofrem terríveis desajustes e problemas, pelo retorno de ações dessa natureza. E não é só com macumbas que se faz o mal; com o pensamento também, com as palavras, as emoções... e até mesmo com o olhar. Nosso Espírito é energia e sempre que dinamizamos essa energia em vibrações de ódio, vingança, rancor, inveja e outras semelhantes, estamos enviando essa carga à pessoa visada. Só que todo o mal que enviamos aos outros retorna a nós, e muitas vezes com força redobrada.

Afagando carinhosamente a cabeça da jovem, o velho perguntou:

— Está vendo como não vale a pena vingar-se? Entende agora por que Jesus mandou perdoar a tudo e a todos?

Cabisbaixa, tentava entender aquele mecanismo que não permitia a vingança. Depois de alguns instantes de silêncio, perguntou, com uma ponta de revolta na voz:

— Quer dizer que eu tenho que perdoar aquela... infeliz, por me ter roubado o Geraldo? Isso aí não dá não...

— Ninguém rouba ninguém, porque não somos donos dos outros. Se o caminho do Geraldo for outro, não será uma macumba que irá segurá-lo. Nós só conhecemos o presente e uma pequena parte do nosso passado. Das coisas que fizemos em outras encarnações não nos lembramos, e essas ações, em sua maior parte, são as responsáveis por muitos dos sofrimentos que passamos ou pela felicidade que desfrutamos no presente.

Antônia ficou calada, meditando um pouco e comentou:

— O senhor disse que todos esses meus problemas começaram a acontecer porque eu encomendei aqueles "trabalhos"...

— E também por causa dos pensamentos e sentimentos de ódio e rancor que você vem desenvolvendo – completou o Espírito.

— Então... o que eu devo fazer?

— O ódio se desmancha com o amor, e a maldade com a bondade. Foi por isso que o Mestre mandou amar a Deus acima de tudo e ao próximo como a nós mesmos.

O velho passou a mão de leve nos cabelos da jovem e concluiu:

— Confia em Deus, minha filha, e peça a Ele para ajudá-la nas horas difíceis, dar-lhe força e coragem para enfrentar as lutas da vida e, principalmente, para lhe mostrar as atitudes mais acertadas em todas as situações, para que você possa construir hoje, condições melhores para o seu futuro.

Antônia levantou-se, agradeceu e saiu pensativa diante dessa nova realidade que lhe fora mostrada, e, sem perceber, já começava a aceitar a possibilidade de perdoar.

NAS GARRAS DA OBSESSÃO

Ernesto percebia que seus passos trôpegos estavam prestes a cruzar as fronteiras da loucura ou, quem sabe, de alguma dimensão ainda mais horripilante que a perda da razão.

Por mais que se analisasse física, mental e emocionalmente não conseguia atinar com o que lhe estava acontecendo. Só tinha certeza de que nada com ele estava certo ou normal.

Orava muito, suplicando pelo amparo divino, o que lhe dava um pouco de alívio e o fazia sentir-se mais lúcido, mas, da última vez que tentara a prece vivera uma experiência que não desejava ver repetida.

A esposa saíra com os dois filhos do casal para uma festinha de aniversário e encontrava-se só em casa. A cabeça pesava muito, embotando um tanto o raciocínio, dando lugar apenas a pensamentos tenebrosos onde a morte imperava semeando acidentes, crimes, violência...

Buscou, angustiado, o refúgio do quarto, ajoelhou-se à beira da cama e começou a balbuciar o Pai Nosso, mas as palavras da oração transformavam-se em blasfêmias, intercaladas com termos de baixo calão. Por mais que se esforçasse não conseguia lembrar qualquer outra prece. Sentia a cabeça perpassada por vibrações, como pequenos choques elétricos que lhe paralisavam o raciocínio e se exteriorizavam numa espécie de cordões que partiam do cérebro em todas as direções, ligados a seres disformes que se moviam e multiplicavam, aproximando-se e afastando-se, num vai-vem alucinante, dando a impressão de enormes aranhas, cobras, escorpiões e assemelhados. Ouvia reboarem dentro da cabeça terríveis ameaças acompanhadas de gargalhadas tenebrosas, gritos, uivos, gemidos e lamentações. O corpo estorcia-se em espasmos dolorosos sob o assédio do astral que o circundava e o pânico apossou-se de suas emoções. Fez um esforço sobre-humano e conseguiu levantar-se. Num rápido lampejo de consciência a fé profunda que sempre lhe iluminara o coração brilhou mais uma vez e pôde balbuciar: "Meu Deus, me ajuda! Me ajuda, por misericórdia!".

Ficou assim ajoelhado, por longo tempo, buscando desesperadamente contato com esferas mais altas. Lentamente o ambiente de horror que o envolvia foi-se dissipando e com dificuldade chegou ao banheiro, onde um banho frio trouxe-lhe melhoras substanciais quanto ao físico, porque a mente... essa, não ia nada bem.

Olhando à sua volta tinha a impressão de estar em ambiente familiar e estranho ao mesmo tempo. Apanhou a toalha de forma automática dizendo em voz alta: "não é minha... e este banheiro também não é o meu... como foi que eu vim parar aqui?"

Angústia indescritível voltou a esmagar o sistema emocional de Ernesto que se pôs a chorar como criança, reclamando a presença da mãe, e assim o encontrou a esposa ao voltar para casa.

O psiquiatra, chamado às pressas, aplicou-lhe forte dose de sedativo e o sono prolongado trouxe-lhe melhoras.

No dia seguinte, as ocupações e preocupações do trabalho absorveram-no bastante, mas, ao cair da noite, quando de volta à casa, as coisas começaram de novo a ficar feias.

Ia dirigindo calmamente em pista de grande velocidade relembrando as ocupações e preocupações do dia e, sem saber porquê, sentiu-se profundamente infeliz.

— A vida não é de fato nada agradável – pensava. – O sujeito nasce, vive, trabalha, luta, sofre, morre e, tudo isso para quê? Bem melhor deve ser a morte, o descanso...

Sentiu-se tranquilo, leve, muito leve.

— Seria ótimo – continuou matutando – alcançar finalmente esse repouso.

Aquela ideia cresceu rápida e já se ambientava em sua mente como diretriz. Um caminhão que vinha trafegando em sentido contrário poderia ser a solução. Bastaria dar uma rápida guinada para a esquerda, sem lhe dar tempo para desviar e... um belo acidente lhe daria o desejado repouso e paz.

Acelerou o quanto pôde e no momento certo começou a dar início à guinada fatal. O caminhão acendeu e apagou os faróis, em sinal de alerta.

Aquelas duas luzes acendendo e apagando no lusco-fusco do crepúsculo conseguiram, numa fração de segundo, ativar seu instinto de conservação e, rapidamente, girou a direção, desviando-se.

Tremendo de susto, Ernesto seguiu caminho. Aquele estado de torpor deu lugar a um medo incontrolável e no restante do trajeto dirigiu bem devagar, rezando o tempo todo, até pôr-se a salvo, em casa.

A noite foi de pesadelos dantescos como já vinha ocorrendo há vários dias e a busca a uma solução mostrava-se necessária e urgente.

Percorreu consultórios e clínicas sem resultados satisfatórios até que, finalmente, depois de porfiar longamente consigo mesmo, decidiu-se a aceitar o conselho de um velho amigo e procurar um Centro Espírita.

Ali, conversou com o dirigente, explicando-lhe a situação e foi encaminhado para o passe. Em seguida, assistiria a uma sessão de desobsessão, já que seu caso requeria urgência.

Sentiu-se emocionado. Quantas pessoas haviam deixado o aconchego do lar ou, quem sabe, algum prazeroso programa para ajudá-lo. É verdade que não tinham vindo até ali especialmente por sua causa mas por quem estivesse precisando daquele tipo de auxílio.

Durante o passe sentiu como se retirassem de seu corpo e mente algo pesado e desagradável que não conseguia definir, como se fossem grandes porções de matéria invisível, escura e pegajosa.

Antes do início da sessão o dirigente deu-lhe algumas explicações sobre perseguições espirituais, recomendando-lhe serenidade e uma postura de perdão e fraternidade.

Assim que se iniciaram os trabalhos, um médium incorporou-se com um Espírito extremamente agressivo, que informou ter sido encarregado de levar Ernesto ao suicídio. Tratava-se de uma vingança. Apesar de casado, havia-se envolvido há alguns meses com uma mulher à qual fizera promessas, dessas que são formuladas em momentos de emoção ou nas ânsias do desejo. Abandonada, cheia de ódio, assessorada por Espíritos acostumados a fazer o mal, em seus desdobramentos durante o sono, pedira-lhes aquela vindita.

Não foi fácil Ernesto livrar-se daquela perseguição. Teve de mudar algumas posturas, afeiçoar-se à prece e passar a cultivar novas ideias e valores, que ia lentamente assimilando nas reuniões de estudos doutrinários e do Evangelho, que passou a frequentar.

Sentir-se em plena lucidez parecia-lhe agora a coisa mais importante do mundo e, para sua felicidade, já estava aprendendo a evitar novos ataques espirituais, ou melhor, como se manter imune a eles.

PRECE

Pai nosso que estás no Céu e em toda parte estás manifesto, dá-nos Tua mão generosa e santa, e ajuda-nos a seguir pelos caminhos da vida sem tantos tropeços, sem tantas quedas.

E quando cairmos, estende-nos ainda a Tua mão e nos auxilia a levantar e a continuar a jornada.

Dá mais energia às nossas almas a fim de podermos vencer todas as dificuldades que possam surgir em nossos caminhos.

Dá-nos mais paciência e serenidade, mais harmonia interior, a fim de podermos gerir nossas vidas com mais equilíbrio.

Ajuda-nos a elevarmos os pensamentos e emoções para o alto, a fim de podermos sintonizar com a Verdade e que essa Verdade seja sempre a luz a direcionar nossas ações e orientar nossas atitudes.

Por tudo Te agradecemos, Pai nosso que estás no Céu e em toda parte estás manifesto.

FRONTEIRA DO TEMPO

A jovem médium varria a casa quando percebeu a presença de um Espírito. Sua aparência era a de um homem muito idoso que gentilmente a convidava para escrever.

A médium atendeu e logo aquele irmão lhe ditava a mensagem, vazada com tanta emoção que deixava entender ter sido ele realmente o seu protagonista, provavelmente há muito tempo.

"Venho cansado da longa jornada. As marcas do tempo na pele enrugada, as mãos trementes, o olhar quase sem vida.

É a fronteira do tempo, limiar do outro lado, existência que finda, outra que virá.

É hora de meditar, olhar para trás, para os passos marcados na areia do mundo, os gestos de amor e de adeus; o olhar sereno ou alegre, a mão que recolhe as bênçãos do Céu e se estende em benesses de vida aos nossos irmãos; contar os sorrisos que o gesto de amor acendeu, os pontos de luz que a palavra sábia deixou, estrelas no firmamento, prova maior e eterna do nosso Criador.

Mas se não foi assim, se a voz destilou amargura, azedume, ironia; se a palavra esteve ausente de fé, vazia de amor; se honra e dignidade foram só utopias e honestidade palavra falsa, como falso terá sido o meu viver?...

Se lágrimas alheias molharam meus passos e minha alma não se tocou, não vibrou no impulso de ajudar. Se a mão recolhi, avara, para não dar, retendo bens que no final de tudo não serão meus. E acima de tudo, se apaguei a luz da fé que nascia em corações irmãos... que posso esperar além da fronteira, depois que cruzar o limiar?

Se vivi só para mim. Se plantei flores de vida somente no meu jardim, que posso ter lá fora, agora que devo partir? Terei merecido a paz dos justos ou a aflição do pecador?

E depois do limiar, quando na outra dimensão eu despertar, terei merecido ser recebido por almas amigas, corações irmãos, por seres de luz? Ou serei atraído, arrastado, para o mundo das sombras por causa da sombra que exista em mim?

Senhor Eterno, diante do altar da vida que termina, da outra que já vislumbro, eu me detenho súplice e humilde a rogar-Te a bênção da paz. Não Te peço morada nas cidades de luz, se a elas não fiz jus. Se meu viver na Terra não construiu a ponte que agora possa me elevar, não Te peço benesses que a tua justiça não me poderia dar. Mas peço-Te uma bênção, oh Pai, que teu coração paterno não me há de negar: deixa-me ficar aqui mesmo nas vizinhanças da Terra, mundo escuro e vazio de amor. Deixa-me tentar além da morte, agora que já é tarde para a vida... deixa-me tentar nova conduta com mais amor por meus irmãos, com mais fé... mais luz no coração.

Mesmo que tenha de sofrer, carpir a solidão, romper a cada instante a sombra espessa da negação; que eu tenha de resistir à tentação de cair ou de fugir aos compromissos que vou assumir... deixa-me ficar num posto de socorro dos mensageiros do bem, ser-lhes fiel servidor, o mais humilde de todos, mas também o mais feliz, porque finalmente, após tão longos percursos, acabei por entender e já posso escolher com acerto o meu caminho.

Entrego a Ti, meu Pai, a minha vida, meu passado de sombra... meu futuro de luz."

PRECE

O Senhor é o nosso pastor, nada nos faltará.

Deitar-nos faz em verdes prados; guia-nos mansamente às águas tranquilas; refrigera nossas almas.

E mesmo que venhamos a andar pelo vale das sombras da morte, não temeremos mal algum, porque o seu escudo e o seu cajado nos confortam e protegem.

Prepara uma mesa farta diante de nós e o nosso cálice de venturas transbordará.

Eis que a bondade e a misericórdia nos acompanharão por todos os dias de nossas vidas e habitaremos na casa do Senhor por toda a vida.

Por tudo isso e por tudo o mais Te agradecemos, Senhor.

ASAS DE PAPEL

Veio e passou pelo aprendizado das primeiras horas. Já sabia ler, escrever e conversar.

Buscou com avidez o conhecimento em todas as fontes e subiu, degrau por degrau, a escadaria do "saber". Ninguém se lhe igualava em conhecimentos e inteligência. Suas palavras eram esperadas como se espera a chuva no sertão, pois fluíam fáceis e belas, numa cascata de vocábulos altissonantes, vestindo ideias complexas, dentro dos temas mais difíceis.

Os ouvintes, atônitos ante a demonstração de tão vasto saber, bebiam-lhe as palavras com respeitosa gratidão pela oportunidade única. Quando alguém mais ousado ensaiava uma pergunta, esta era respondida de imediato, com precisão e desenvoltura.

Por onde passasse deixava no rastro luminoso do saber uma ambiência de grandeza. Acreditava-se muito acima dos comuns mortais.

Galgou as encostas escarpadas do poder em marcha triunfal e podia ser visto agora a reger, da intimidade de seu gabinete, os destinos de milhares de criaturas.

Sentia-se mais forte que todos, mais sábio e poderoso que ninguém e, também, o mais seguro de si.

Voejando nas asas do poder começou a sentir-se enfadado quanto àqueles que lhe eram inferiores, passando do enfado ao desprezo total. Que insensatez, desperdiçar seu valioso tempo com a inferioridade alheia. Como tolerar a aproximação do maltrapilho de mão estendida, da velhinha, cheirando a roupa lavada, ou mesmo de qualquer pessoa que se encontrasse abaixo dele na escala de valores? Se algum pontículo da consciência ameaçava manifestar sensibilidade, tratava logo de resolver o impasse e, numa operação altamente anestesiante, explicava a si mesmo que cada qual conquista seu próprio lugar na vida; cresce e vive o capaz. O incapaz, vegeta.

Continuava, assim, seu voo vitorioso nas asas da presunção até que, um dia, começou a perceber que eram feitas de papel, rompendo-se ao primeiro embate com a verdade.

Aproximou-se-lhe esta, escoltada por misteriosa doença a consumir o frágil corpo do filhinho, loucamente amado. Movimentara todas as suas possibilidades, chegando a revolucionar os círculos mais avançados da ciência médica, em vão.

Assistir, inerte, ao doloroso espetáculo da enfermidade a prostrar-lhe o ser mais amado estava acima de toda a sua grande capacidade; acima de seu intelecto avantajado, da palavra fácil e brilhante; da voz de comando, imediatamente atendida pela multidão dos servidores ou daqueles que lhe constituíam a corte; estava acima das somas avultadas que lhe engrossavam a conta bancária.

Sofreu e chorou como nunca, sentindo o desespero dos abandonados e, cabisbaixo, começou a descer, um a um, os degraus da escadaria que galgara, triunfante. Tirou o chapéu da ambição, despiu o sobretudo do orgulho, o paletó da vaidade, a gravata da descrença, a camisa da sensação de segurança e as calças da presunção; descalçou os sapatos da ostentação e as meias do desprezo ao próximo. Por último, retirou os óculos do materialismo que lhe deformavam a visão e, sentindo-se pequeno, frágil, pobre, mísero e nu, caiu de joelhos. Por seus lábios passaram rogativas, nas mais sinceras palavras que já proferira, endereçadas a Deus Pai.

A prece lhe fluía da alma tão sincera, pura e compungida, por vir despida de tantos conceitos e preconceitos, que chegou às esferas mais altas e nobres da vida, ao seio do Eterno.

Pela primeira vez em sua vida de glórias e conquistas vivenciou o sublime momento de sentir-se pequenino, amparado nos braços do supremo Senhor, resignado a aceitar-lhe os sábios desígnios.

A fé, então, inundou-lhe a alma em ondas de confiança e paz.

Sentiu-se, também pela primeira vez, solidário com os tristes, infelizes e deserdados da sorte, que tanto desprezara. Sabia agora que, desse dia em diante, vivesse o filho ou não, sua vida mudaria. Entrevia vagamente horizontes outros que lhe caberia descobrir, em busca das riquezas da solidariedade e do amor.

Distraído na contemplação da própria alma, sentiu que novas e mais nobres perspectivas lhe felicitavam o espírito.

Voltou os olhos, agora serenos, para o filho e, oh, ventura celeste! Seus olhinhos brilhavam novamente e, dos lábios risonhos, ouviu o doce sussurro:

— Papai, acho que já estou bom.

PRECE

Pai, no princípio dos tempos, quando ainda dormia, Tuas mãos me tocaram e despertei ao calor de Teu magnânimo amor.

Em Teu seio cresço e me enobreço na arena das lutas, dores e alegrias de cada dia.

Em Teu pensamento formulo o meu, e é na Tua luz que posso ver as formas e cores de tudo que criaste.

Em Tua sonoridade escuto os sons da natureza e a minha própria voz.

Em Teu peito me agasalho, em Teu amor me aconchego e em Teu carinho repouso de todos os cansaços.

Acolhe-me em Teus braços e deixa-me ouvir os cânticos do universo que ressoam no infinito do tempo e nos espaços sem fim.

Deixa minha alma juntar-se à Tua e que eu possa dizer, na plenitude do meu ser: EU E MEU PAI SOMOS UM.

PAI ÉBRIO

Amanhã eu faço 11 anos, papai. Já é tarde, a noite avança, chamando a madrugada, e eu não consigo dormir. Vi a hora em que o senhor chegou. Ouvi a chave abrindo a porta com dificuldade e depois seus passos vacilantes se arrastando pelo corredor, interrompidos aqui e ali, por aqueles soluços incontidos de um bêbado vulgar.

Ouvi a sua voz chamando por minha mãe e fiquei imaginando como estaria ela, enroscada nas garras da angústia... porque o senhor, quando bebe...

Ah, meu Deus, é melhor nem lembrar.

Mas quando o senhor não bebe, papai, é o melhor homem do mundo.

É aquele amigo bom e forte, cuja mão me segura e me faz sentir tranquila, até mesmo diante das incertezas da vida.

O senhor, quando não bebe, consegue extrair de sua natureza máscula, delicadezas de mulher, quando lida comigo. Sua voz fica macia e terna, seus dedos têm carícias mais longas e mais suaves ao tocarem os meus cabelos e em seus olhos eu vejo reflexos de ternura, como aquela que existe no olhar de Jesus, e eu me sinto tão feliz... melhor do que se estivesse no Céu, porque tenho o senhor, papai, o seu amor.

Quantas vezes acordo à noite, ou melhor, acordava à noite, sentindo a sua presença em meu quarto, e então fingia que estava dormindo porque de olhos fechados podia sentir melhor todo o seu carinho por mim, quando o senhor me beijava de leve, desejando-me boa noite.

Lembra-se daquela vez em que estive doente e o senhor e a mamãe se revezavam, tomando conta de mim? Quando a febre subia e eu sentia dores e falta de ar, via meu pai ajoelhado junto à minha cama, orando a Jesus, pedindo que me poupasse. Assim, ajoelhado, eu o via mais baixo, mas para mim, naqueles momentos, o meu pai era o maior de todos os homens.

Por que o senhor mudou, papai? Por que o senhor bebe tanto?

Quando chegou esta noite, bêbado, chamando por mamãe, eu senti medo... medo por ela, porque, quando meu pai bebe perde a noção da realidade, não respeita ninguém... e eu sei o quanto a mamãe sofre com isso.

Quando o senhor bebe, papai, eu não gosto nem de chegar perto, e fico rezando, pedindo a Deus para que não deixe nenhum amigo meu vir me visitar naquela hora, porque eu teria vergonha de apresentar a um amigo, um pai bêbado.

Meus irmãos mais novos são ainda muito crianças para perceberem as coisas, mas mesmo assim, o Dezinho já sabe perguntar: mamãe, será que o papai hoje vem bêbado?

Ontem cortaram o telefone aqui de casa e a mamãe disse que é porque a vida está muito difícil.

Mas eu sei que não é por isso. Cortaram nosso telefone porque o senhor gastou o dinheiro em bebidas e farras, que antes não fazia.

Ah, papai! eu não posso deixar de analisar sua vida, a nossa vida. Logo mais vai amanhecer o dia do meu aniversário e eu me pergunto: por que meu Deus? Por que nossa vida hoje é tão infeliz?

Meu pai bebe e todos nós em casa sofremos por isso. E por tudo isso, papai, quando comecei a escrever esta carta estava decidida a ir embora para qualquer lugar onde não tivesse de escutar seus passos vacilantes, seus soluços de ébrio e seus gritos e falatórios desagradáveis de bêbado, mas, conforme ia escrevendo, também me lembrava do seu lado bom, de quando está sóbrio, de todas aquelas pequenas e grandes coisas que tanto amei e ainda amo no senhor. Lembrei-me de seu semblante angustiado quando eu estava doente e o senhor se ajoelhou para orar por mim. E achei melhor me ajoelhar também e pedir a Deus por meu pai... para fazê-lo lembrar de tudo que já foi e do que representa para nós. Talvez com todas essas lembranças, com a força do bem que ainda vive em sua alma e com a ajuda de Jesus o senhor consiga abandonar esse vício... esse vício terrível que arrasta atrás de si tanto desespero, tanta destruição.

Oh, Jesus de Nazaré, ajuda meu pai a deixar esse vício e ajuda também a mim e a mamãe, dando-nos força e paciência, para podermos ajudar o papai a vencer esse monstro sem entranhas, que é a bebida... para que a vida volte a ser melhor e meus irmãos possam crescer num lar mais feliz. Ajuda meu pai, Jesus. Ajuda a todos os viciados.

PRECE

Deus, nosso Pai, sabedoria suprema, soberana justiça e amor.

Neste mundo tão mergulhado em violência e em maldade, envolve-nos em Tua luz protetora. Que essa luz, energia divina, guie nossos passos pelos caminhos retos, e sustente nossos pensamentos e emoções na paz, na justiça e na fraternidade.

Que essa mesma luz ilumine também os nossos governantes para que possam encontrar as melhores soluções para os problemas que tanto afligem, a tantos filhos desta nação.

Que haja mais fraternidade e mais honestidade nas ações dos que gerem destinos, para que um dia todos possam vir a ter acesso aos bens da vida.

Guarda-nos Senhor dos Mundos na Tua luz protetora e dá paz e contentamento às nossas almas.

Por tudo isso e por tudo o mais Te agradecemos, Deus nosso Pai.

DUAS CRIANÇAS

De repente, sem nenhum aviso, surgiram duas crianças na vida de Suzana.

Esse imprevisto deu-se num dia de chuva, quando o céu chorava a tristeza de ver tantas crianças necessitadas de comida, de atenções e cuidados... necessitadas de amor.

Sob a marquise, meia dúzia de seres pequenos e frágeis aninhavam-se em torno da mulher que não tinha meios de saciar-lhes a fome, que, quando não mata, marca em demasia.

Suzana teve dó e acabou levando duas das crianças: Marta, com 5 e Estela com 8 anos de idade.

Em sua casa, apesar de tudo, elas estariam melhor, pensou Suzana, bem melhor do que ali, naquele canto de rua, a pedir esmola. Além disso, poderiam ajudá-la nos afazeres domésticos, servi-la em pequenas tarefas e, logo mais, quando crescessem mais um pouco, teria domésticas a baixo custo.

E para aliviar a consciência, completou o pensamento: "afinal de contas, eu vou dar-lhes um teto, alimento, roupas... e escola também... Aliás, esse negócio de escola, veremos mais tarde. Esse povo geralmente não tem cabeça para estudo e, depois, é melhor que elas aprendam a cuidar da casa, cozinhar e tomar conta do bebê."

Ah, o bebê de Suzana era todo o seu amor. Rosado, louro, as faces coradas, pele limpa, bem tratada. Era uma criança mimosa, saudável, risonha, verdadeiro presente do céu.

De início, foi o cuidado com as meninas: a higiene, os piolhos, as feridas da sarna a se espalharem por seus corpos e os vermes que intumesciam suas barrigas. Com o passar do tempo e algumas roupinhas que ganhou de uns e outros conseguiu fazê-las mais apresentáveis e dignas de se aproximarem do bebê que a essa altura já dava seus primeiros passos.

Marta e Estela aprenderam rapidamente as tarefas domésticas e as horas passavam no lar de Suzana a refletirem o eco de sua voz: "Marta, lava aqui esses pratos! Estela, anda, vai ali comprar um pão! Marta, mas será possível? Você ainda não varreu a calçada? Estela, já disse que não quero vocês beijando o bebê! Deus me livre... sei lá se elas não têm alguma doença!".

Quando Suzana pegava o bebê, desdobrando-se em carinhos e afagos, o olhar das meninas se turvava e as lágrimas teimavam em dar presença. Na hora da novela as duas iam se chegando, chegando, como quem quer um carinho ou suplica por um pouco de atenção, mas Suzana não entendia, não se dava conta de que elas continuavam carentes. Haviam ganho um teto, comida, roupas, mas eram ainda órfãs de um lar.

Suzana não era má, apenas vaidosa e preconceituosa, como quase todo mundo.

Certo dia, Marta amanheceu doente. A febre subia, chegando aos 40 graus. Assustou-se! Aquela febre estava alta demais. Correu à procura do remédio, de compressas de álcool, e ficou ali a cuidar da pequena enferma, sentindo pela primeira vez que aquela garotinha de olhar triste havia penetrado fundo em seu coração sem pedir licença, e ali se instalara, sem que ela se desse conta.

Os minutos passavam e a febre não cedia. Alisou seus cabelos ressequidos, meio pixaim, e lembrou-se dos cabelos louros do filho, lavados com xampu especial. As meninas não precisavam de xampu, pensara. Para quê?

De repente, a pequena abriu os olhos avermelhados pela febre e, olhando um ponto indeterminado, começou a cantarolar baixinho, sempre as mesmas notas a se repetirem; as mesmas palavras, inventadas na hora, produto de um pequeno coração repleto de amor. No delírio da febre, Marta cantarolava, dizendo assim: "Mãezinha do céu, não precisa ficar chorando... eu te amo no meu coração... ó mamãe, faz uma comida, nós estamos com fome, mamãe, eu te amo no meu coração..."

Aquele cantarolar da menina doente caiu na alma de Suzana como lava ardente e pareceu-lhe ver Maria, mãe das crianças sem mãe, olhando-a do céu, com os olhos velados de tristeza.

Foi demais! Esqueceu-se dos possíveis piolhos ou doenças e, pegando a garotinha, apertou-a nos braços, de encontro ao coração, murmurando: "ó filhinha, pelo amor de Deus, não cante assim. Não cante mais com essa vozinha tão triste que machuca minha alma e me dói na consciência. Perdoa, filhinha, perdoa. Eu havia me esquecido de que você e sua irmã precisam tanto de comida, quanto de amor e atenção. Está me ouvindo, querida? A partir de agora não faço mais distinção entre vocês e o meu filho. Que a mãezinha do céu, que é mãe de vocês, me perdoe o egoísmo, a incompreensão."

Nesse instante, sem que nenhuma delas pudesse ver, do alto desciam sobre o ambiente pétalas de flores tênues e perfumadas, envolvidas todas em doçura celestial.

Marta e Estela estavam ganhando um lar.

O SOFREDOR

Sofria... Como sofria!

Não se poderia dizer que fosse apenas dor. Era muito mais que isso, uma interminável, contínua e eterna agonia que latejava em cada célula do organismo a partir de um foco central que ia da boca até o estômago. O sofrimento era tamanho que não cabia nas dimensões do corpo e sentia como se todo ele, órgão por órgão, célula por célula, estivesse espalhado numa área incalculavelmente grande, pulsando em acessos de infindável agonia.

A respiração tornara-se quase impossível, pois as substâncias que ingerira haviam feito muito estrago, obstruindo a passagem do ar para os pulmões.

Parecia-lhe que o diafragma encontrava-se em frangalhos pelo desesperado esforço da respiração e cada centímetro cúbico de ar que conseguia inspirar provocava horrível acesso de tosse, danificando mais ainda a garganta, já tão maltratada.

Seu corpo e alma haviam-se transformado numa súplica pungente, num desesperado e inarticulado grito de dor e pedido de socorro.

Onde estava? Não fazia a menor ideia. Tudo era treva e silêncio, como se o veneno lhe houvesse danificado também os órgãos auditivos e visuais. A vida nele existente havia-se interiorizado em dor, angústia e aflição.

Por vezes, percebia algo como leves contatos exteriores, como se estivesse perambulando ao léu, sem nada ver, ouvir nem sentir, além do sobre-humano sofrimento que o martirizava.

Por que a morte não vinha para livrá-lo do sofrimento?... Ou, quem sabe, já o houvesse levado em suas garras para as desconhecidas regiões do além?

Tentou relembrar os últimos acontecimentos, preocupado com a possibilidade de ter morrido e não estar morto, mas o simples esforço mental parecia injetar lavas vulcânicas em seu cérebro. Desistiu.

Na mais horrível tortura que um vivente possa suportar, implorou com toda a alma, a ajuda divina. Interiorizou-se tanto na súplica mental a Deus, que mal percebeu dois braços vigorosos recolhendo seu corpo e conduzindo-o para longe. Foi colocado encostado em alguém que não saberia dizer se era homem ou mulher, mas...oh, milagre divino! As dores lancinantes iam cedendo lentamente, transformando-se em sofrimento, quase suportável.

Quanto tempo permaneceu assim, aconchegado a esse ser desconhecido? Não saberia dizer.

Aos poucos, percebeu que se localizava novamente. As células de seu corpo, como que se firmavam num conteúdo diferente e observou que estava sentado. Ouviu vagamente, como vinda de longe, uma voz carinhosa orando o Pai Nosso. Sentiu como se derramassem bálsamo sobre todo o seu ser e, pouco a pouco, a dor ia cedendo, a respiração tornando-se mais fácil, a tosse menos agressiva.

A voz que orava o Pai Nosso agora dirigia-se diretamente a ele, dizendo: "Graças a Deus, meu irmão, você agora se encontra entre nós. Sabemos do sofrimento por que passa e queremos ajudá-lo. Preste bem atenção ao que vou lhe dizer: você matou seu corpo carnal, mas continua vivo na dimensão espiritual. Todo esse sofrimento foi provocado por você mesmo, ao atentar contra a vida. Mas Deus é Pai. Ele é misericordioso. Peça-lhe sinceramente perdão e amparo".

O sofredor tentou dizer alguma coisa mas estava difícil falar. O doutrinador, percebendo sua dificuldade, convidou:

— Vamos orar juntos. Você pode fazê-lo em pensamento.

Em seguida, começou a orar:

— Deus, Pai Altíssimo! Este também é Teu filho e para ele suplicamos a Tua misericórdia. Trilhou os mesmos caminhos que nós outros temos trilhado, mas o desrespeito às Tuas leis conduziu-o por atalhos que o situaram nas negras regiões da dor. Aqui nos encontramos, Pai, rogando alívio para este irmão, a fim de que ele possa ser conduzido para um hospital no mundo espiritual, onde poderá refazer-se e, quando refeito, iniciar nova caminhada com mais luz, paz, amor e entendimento das Tuas leis. Que a Tua misericórdia se faça presente por intermédio dos Teus mensageiros, nossos benfeitores espirituais, para conduzirem este irmão. Assim seja"!

Oh, misericórdia divina!

Sentia agora seu corpo todo envolvido em vibrações de bem-estar, a respiração se normalizava e quase já não mais tossia.

Quem seriam aqueles seres que o haviam libertado das terríveis tenazes da dor?

Como se adivinhasse seus pensamentos, a mesma voz continuou a dizer:

— Você se encontra entre amigos. Aqui é um Centro Espírita, onde nos reunimos para ajudar irmãos sofredores. Os amigos espirituais fizeram você se aproximar desse médium, que lhe proporcionou os fluidos necessários para os primeiros socorros. É por intermédio dele que você está se comunicando conosco, agora.

Sentiu profunda gratidão por aquelas pessoas que o haviam ajudado. Estava ainda muito confuso mas sua mente acabou registrando as palavras do doutrinador, quando este informava ser ali um Centro Espírita e ele, um Espírito a se manifestar por meio de um médium.

— Que horror! – exclamou. E continuou a dizer, com dificuldade. – Quer dizer... que eu... virei diabo?... Isso não... pelo amor de Deus!... Isso, não!

— Tenha calma, meu irmão – pediu o doutrinador, continuando:

— Você é apenas um Espírito sofredor... e aqui é um Centro Espírita, uma Casa de amor e fraternidade onde pessoas de boa vontade se reúnem em nome de Jesus, para ajudar quem está sofrendo.

— Meu Deus... como é que eu vim... parar num Centro... Espírita?

Os enfermeiros espirituais ministraram-lhe passes que o fizeram adormecer e o desligaram cautelosamente do médium, a fim de ser conduzido a um hospital no mundo espiritual. Enquanto isso, Espíritos técnicos em mediunidade prestavam os devidos socorros ao medianeiro, retirando do seu corpo os fluidos pesados que o sofredor deixara, refazendo os fluxos de energias vitais através dos centros de força e normalizando todas as funções orgânicas.

Graças a Deus e à colaboração dos amigos espirituais, médiuns e doutrinadores, mais um ser foi libertado das regiões de dores e sofrimentos inenarráveis, embora acreditasse estar nas mãos e na casa de satanás.

AS TERRÍVEIS FUNÇÕES DO ACASO

Mariazinha, aos 10 anos, era uma garotinha muito esperta e, apesar do nome, não era do tipo "Maria vai com as outras". Devotava profundo respeito às pessoas adultas e, principalmente, àquelas que considerava sábias, tais como os professores, os cientistas e os estudiosos de um modo geral, mas ficava "matutando" em algumas coisas que diziam e, dessas conversas consigo mesma surgiam, muitas vezes, dúvidas terríveis como aquela que lhe ocupava a mente naquela tarde chuvosa de domingo.

Balançando-se na rede, Mariazinha meditava no comentário do professor sobre a tese científica que pretende ser o Universo produto do acaso. Lembrava-se também do enfoque bíblico sobre a criação da Terra e dos seres vivos.

Em sua cabeça infantil, a imagem, antes intocável, do adulto começou a mostrar seus pés de barro. A Bíblia era tida como o livro sagrado, palavra de Deus, fonte de toda sabedoria e da verdade, mas, no mundo profano, a verdade era a palavra da ciência, com todo o peso de sua respeitabilidade.

Existiam ainda outras teorias, como aquela que um velho amigo da família lhe havia exposto sobre a formação dos mundos e a evolução das espécies, através dos renascimentos sucessivos, ou seja, das reencarnações. Mas se todas as teorias existentes fossem postas num dos pratos da balança, juntando-se-lhes ainda a da gênese bíblica, e no outro prato as afirmações da Ciência, esta última certamente sairia ganhando, por ser a expressão visível e tangível das coisas, a pesquisa realizada em laboratório, o produto dos cálculos matemáticos e geométricos, o palpável, o irrefutável.

Remoendo essas ideias, a garota adormeceu e, como se fora num passe de mágica, viu-se numa época muito anterior à pré-história, tempo perdido nos confins do tempo, num planeta chamado Hipotálus. Ali, a civilização alcançara elevadas expressões de grandeza no conhecimento científico, na tecnologia e em todas as áreas das atividades humanas. A religião existia como elemento gerador de ética na vivência dos seres, de adoração ao Soberano Senhor da Vida, mas não tinha nome.

Todos se amavam e viviam fraternalmente. Não havia dívidas externas, pacotes econômicos, corrupção, violência nem desemprego, e os políticos trabalhavam para cuidar dos interesses das nações e de seus respectivos povos. Também não existiam pobres nem ricos e todos viviam de acordo com o que produziam, mediante o próprio esforço e capacidade. Os homens e mulheres eram monógamos e nunca abandonavam suas famílias.

As artes em Hipotálus haviam atingido suas expressões mais belas e elevadas, na mostra que marcara a abertura do Congresso Mundial de Artes da cidade de Rénora, com o Hiper Painel projetado numa nuvem artificial pelo raio Ly. Nesse painel mostrava-se a criação do universo físico, a partir de uma explosão cósmica ocorrida com a transformação de energia em matéria.

Sobreposto ao painel, envolvendo-o, surgia uma representação da mente divina, na forma como o pensamento humano era capaz de entendê-la. Essa representação mostrava algo dos mecanismos siderais, dava uma ideia do Universo, como se fora um planetário tetradimensional, com tudo esquematizado em seus menores detalhes, as leis cósmicas comandando e presidindo a todos os movimentos siderais, aos fenômenos da vida e das transformações.

Nunca se vira algo igual em Hipotálus. O painel, última palavra em tecnologia, era dotado de movimento, cor e sonoridade. Possuía luminosidade estranha que mostrava os altos e baixos do progresso espiritual e material de todas as coisas e seres. Não faltava qualquer detalhe e todas as fases da criação e evolução surgiam aos olhos atônitos dos visitantes.

Observá-lo, era o mesmo que remontar às raízes de tudo e acompanhar o desenvolvimento da matéria e da vida através dos reinos da natureza, abençoados pelo amor e, vivificados e gerenciados pela sabedoria do Criador.

De todas as regiões, vinham caravanas e mais caravanas para o Congresso e, particularmente, para apreciar aquela magnífica obra de arte e inteligência.

Enquanto isso, na cidade de Kido realizava-se outro evento importante, o Congresso de Ciências da Evolução, reunindo os mais ilustres cientistas da época. Parece, no entanto, que o sucesso do painel gerara certos melindres, já que naquele planeta a inveja era desconhecida, e isso levou alguns cientistas, encabeçados pelo Dr. Alcott, a elaborarem uma nova tese que dizia ser o Universo, obra do acaso. Já não seria Deus o seu criador. Com isso, a ideia básica do painel seria destruída, anulada.

Ao final desse Congresso, após muitos discursos e discussões, a tese do acaso como a causa primária de todas as coisas foi aceita pela maioria dos congressistas, ganhando "status" de verdade científica.

Os jornais noticiaram com grande estardalhaço e os canais de TV abriram espaço para os cientistas falarem de sua descoberta que logo ganhou um nome, o fim da ignorância e do misticismo.

Os ânimos exaltaram-se em todas as nações de Hipotálus, as discussões ganharam as ruas e a desarmonia generalizou-se em razão do golpe mortal que o "acaso" aplicara na cabeça da Fé.

Ninguém mais se entendia, nem sabia em quem acreditar: na tradição religiosa, ou na ciência.

Alguém, mais exaltado, jogou uma bomba no equipamento que comandava o painel e este começou a funcionar ao contrário. Os cientistas alegraram-se muito e prometeram um prêmio ao terrorista da bomba que vinha, de certa forma, mostrar a "falibilidade, pobreza e absurdidade do conceito místico sobre Deus, gerada, sem dúvida, nas mentes ignorantes dos nativos temerosos dos fenômenos naturais".

A essa altura, as teses científicas de Hipotálus venciam as ideias "retrógradas" a respeito de um Criador, causa primária de tudo, inteligência soberana, perfeição, beleza, amor etc., e tal foi a força do pensamento daquela gente em torno do "acaso", que este conseguiu dominar o quintal da casa do Dr. Alcott, no qual o Doutor, nas manhãs de sol, gostava de cuidar da terra, plantando alguns pés de alface, pimentão e rabanete. Mas o Acaso (a esse turno já ganhara dimensões de maiúscula) resolveu abrir um dicionário para saber seu próprio significado e poder definir suas propriedades e funções. Ali, encontrou o seguinte: "Acaso. S.M. Conjunto de pequenas causas independentes entre si, que se prendem a leis ignoradas ou mal conhecidas e que determinam um acontecimento qualquer".

— Puxa! Isto é muito confuso – reclamou. – Como é que eu vou trabalhar aquele quintal, se não sei o que fazer?

Enquanto isso, livre da coordenação e tutela das leis naturais que seriam geradas e mantidas pela Mente Divina, o pé de alface começou a crescer ao acaso, derivando para outras condições e estados e acabou transformando-se num gigantesco lago de água doce e salgada. O pimentão cresceu até alcançar a altura de 1.650 metros. Assustou-se com uma nuvem que passava e encolheu-se tanto que acabou do tamanho de uma laranja, mas seu peso era de 63 toneladas. Esse peso num volume tão pequeno começou a afundar e, em breve, pelo orifício formado começou a subir fumaça tão quente que modificou a temperatura da região. O pé de rabanete virou milho de pipoca e cresceu tanto que a copa alcançou a ionosfera e, ali, naquele ambiente ionizado produziu milhões de espigas, cujos grãos gigantescos caíam sobre a terra. A temperatura elevada, porém, assava os grãos, fazendo-os explodirem.

O Acaso preocupou-se. O que fazer? Haviam colocado em suas inexistentes mãos responsabilidades vitais. Correu à Biblioteca Pública, decidido a procurar nos livros alguma lei natural que pudesse frear o desencadeamento daquele terrível caos provocado por ele, mas, o primeiro livro que tocou desfez-se, pois as moléculas que formavam aquele volume dispersaram-se, quebrada a lei natural que as mantinha coesas.

Era uma situação absolutamente nova e inesperada. O Acaso, agora com responsabilidades divinas não tinha a menor ideia de como solucionar tantos e tão graves problemas. Habituara-se a marcar sua presença dentro de uma organização perfeita, regida pelas leis naturais, e agora não conseguia mais identificar-se, nem situar-se na nova posição.

Resolveu apelar para Deus. Talvez Ele pudesse ouvi-lo e recolocar as coisas em seus devidos lugares. Ajoelhou-se e tentou a prece. O pensamento, porém, ao sabor do acaso, nada dizia do que deveria dizer. Desistiu da prece para tentar outras soluções.

Enquanto isso, a confusão estabelecia-se em Hipotálus e tudo transformava-se em caos, já que a ciência havia decretado a inexistência de um Ser Superior, responsável pelos mecanismos cósmicos e mantenedor das leis naturais.

Os cientistas, muito preocupados com aquele terrível desmantelo, resolveram rever a questão e decidiram se reunir em novo Congresso, para devolverem ao Criador as suas antigas prerrogativas e funções, na esperança de que Ele os perdoasse e restabelecesse todas as coisas.

Mas o famigerado Acaso, livre de leis que o pudessem controlar, resolveu agir ao seu próprio sabor. Partiu a caminhar e na primeira esquina encontrou o depósito das vaidades humanas e entrou, impregnando-se com elas. Saiu, inflado e inchado, decidido a continuar no governo de todas as ocorrências. Roçou com as pontas dos dedos as cabeças dos cientistas e seus cérebros desligaram-se do comando mental. Rapidamente os neurônios, sem esse comando, resolveram tirar férias e descansar.

A população estava apavorada. A atuação do Acaso já não se restringia ao quintal do Dr. Alcott, nem à cidade onde este residia. Vagava este pelo planeta e, por onde passava, deixava suas marcas. Os governantes então, decidiram apelar para Deus, como sempre haviam feito nos momentos de aflição. Convocaram os canais de televisão e emissoras de rádio para uma cadeia mundial de oração, mas, como os eventos em Hipotálus, a essa altura, eram todos determinados pelo Acaso, este não se fez presente para comandar os equipamentos e eles não funcionaram.

No auge da aflição o alto comando do planeta enviou mensageiros a todos os governos, ordenando a convocação geral da população para atos de fé, mas os aviões não decolaram, os automóveis não funcionaram, os faxes estavam parados e dos telefones, nem mesmo o sinal de ocupado.

Enquanto isso o elefante do jardim zoológico, desgovernado pelo Acaso, cresceu tanto que sua cabeça alcançou uma altura de 12.000 metros e a tromba deu uma volta ao planeta. Ao respirar, causava terríveis tempestades e cada passada sua gerava terremotos. Em duas horas bebeu toda a água potável de Hipotálus, secando rios, fontes e lagos.

Os mais fracos já morriam de sede, enquanto os mais fortes agonizavam.

As pipocas gigantes continuavam caindo e explodindo. O sofrimento de todos os reinos da natureza era terrível e os seres humanos oravam sem cessar, pedindo ajuda a Deus. Suas preces vibraram com tamanha intensidade nas extensões cósmicas, que repercutiram na Alma Divina. O Ser Supremo, então, apiedado com tamanhos sofrimentos emitiu, através do fluido cósmico, uma ordem direcionada a Hipotálus.

No mesmo instante duas pipocas gigantes caíram numa mina de urânio, gerando uma reação em cadeia e... Hipotálus explodiu, desintegrando-se.

O Acaso, apavorado com seus atos, ficou tão traumatizado que levaria alguns bilhões de anos para se recompor.

Com a explosão, Mariazinha sentiu-se espalhada pelo espaço, distribuída ao longo da órbita daquele planeta. Tentava, mas não conseguia pensar porque, assim, espalhada, não era possível estabelecer as necessárias conexões entre os neurônios para que o pensamento se formasse.

Chorou amargamente, desesperadamente, pedindo ajuda, e percebeu que se formava uma leve corrente de emoções ao longo da órbita do ex-Hipotálus. Aos poucos, os fragmentos de ideias, sensações e sentimentos iam-se reagrupando, tomando forma e individualidade, movimentados e atraídos por uma força que identificou como sendo amor. Percebeu que essa força poderosa e inteligente era Deus, e nessa situação amargurosa sentiu-se no seio do Criador, consolada por Seu carinho e acalentada por Seu afeto.

Foi um momento inefável aquele, em que Mariazinha pôde abarcar o Infinito e perceber como todas as coisas tomavam seus devidos lugares. As pedras se encaixavam e o mosaico cósmico fulgurou diante de seu olhar embevecido. A vida parou e o tempo eternizou-se naquele instante divino em que a menina pousou a fronte sobre o firmamento e deslizou seus dedos pelos contornos cósmicos, assim como o artista a admirar a obra do Gênio.

Foi então que escutou, a vibrar em todas as galáxias, a voz do Supremo Senhor, a dizer: "Atenção, Engenheiros Siderais, responsáveis pelo planeta Hipotálus, que foi desintegrado. Reúnam-se em equipes para o planejamento e criação de um novo planeta, que será formado com os elementos dispersos do anterior. Seu nome será Terra e deverá situar-se na mesma órbita e receber os mesmos princípios espirituais que animaram a vida em Hipotálus. Liguem suas mentes à minha, para que lhes transmita todos os detalhes do novo modelo, assim como a força que deverá formá-la e sustentar-lhe a evolução..."

O restante da ordem divina Mariazinha não pôde ouvir porque estava acordando, profundamente preocupada com a insensatez de muitos "sábios" que, por orgulho, não querem admitir a existência de uma Inteligência Superior, como sendo a causa primária de todas as coisas.

PRECE

Deus, nosso Criador, somos seres em evolução, dormindo ainda o sono letárgico da materialidade.

Mas a voz do Mestre ressoa nas profundezas de nossas almas e a força da vida nos chama, convidando para o Alto.

Dá-nos pois a Tua mão, generosa e santa, e ajuda-nos a caminhar com luz nos pensamentos, amor e alegria em nossos corações.

Que a Tua paz seja também a nossa paz, e que possamos aprender a grande lição da fraternidade e compreender onde está a verdadeira felicidade.

Por tudo isso e por tudo o mais Te agradecemos, Deus, nosso Criador.

CAMINHOS DO COSMO

"Existem muito mais coisas entre o céu e a terra do que possa conceber nossa vã filosofia".

Cícero acordou às 2h30 da madrugada sentindo no corpo e na mente a plenitude da paz. Alegria misteriosa inundava-lhe a alma e, de repente, compreendeu que aquelas sensações lhe eram transmitidas por um Espírito amigo, cuja presença, quase palpável, percebia com incrível nitidez.

Agradeceu mentalmente, dizendo: "obrigado meu amigo, por sua presença de paz".

Observou que a resposta lhe chegava através do seu próprio pensamento, só que, a voz mental não era a sua, nem o sotaque era o seu. Aquela voz surgia, infiltrando-se através de sua mente, e dizia: "Que a paz permaneça sempre no seu coração".

Mantinha os olhos fechados, temeroso de perder a percepção daquela presença, quando sentiu um leve toque em sua mão, num contato extrafísico, enquanto a voz continuou: "Vim buscar-te para um passeio. Relaxe bem o corpo e respire fundo algumas vezes, dando ordens a si mesmo para relaxar. Não pense em nada... em nada...".

Cícero obedeceu.

Começou a sentir-se pesado como se estivesse afundando no colchão, e logo percebeu que estava saindo do corpo.

— Estarei ficando louco? – perguntou a si mesmo. – Ou estarei sonhando?

Não, não era sonho, já que se lembrava de ter acordado ouvindo um galo cantar e consultara o relógio. Procurou analisar a situação e as próprias sensações. Sentia-se em dois lugares ao mesmo tempo: no corpo físico, enrijecido e quase nulo, e num corpo diferente, mais leve, mas que também era o seu, flutuando tranquilamente, não sabia onde.

Uma sensação de liberdade, como jamais nutrira, trouxe-lhe o desejo de sair dali, percorrer espaços, conhecer o desconhecido.

Percebeu que se movimentava. Abriu os olhos e viu que estava ao ar livre, andando por um caminho com leve inclinação ascendente. Sabia que se encontrava em outra dimensão de vida e sentia-se à vontade, como se realmente se encontrasse em seu verdadeiro “habitat”. Tudo era tão real e palpável para ele, naquela condição, quanto o mundo físico, quando se encontrava no corpo de matéria densa.

Há poucos meses, começara a ler obras espíritas e passara a frequentar um Centro, na ânsia de respostas que vinha obtendo continuamente, resolvendo assim várias questões pendentes com a religião; questões essas que guardava no coração desde a infância.

Só não havia conseguido ainda assimilar plenamente a ideia da existência de mundos ou dimensões espirituais, invisíveis e imperceptíveis para os encarnados, com manifestações de vida bastante assemelhadas às da Terra.

Observando as pessoas que por ele passavam, não notou grandes diferenças entre elas e os encarnados.

O Espírito que o acompanhava não estava visível mas sentia sua presença com intensidade. Tomou por um caminho lateral, mais deserto, chegando ao alto de pequena colina. Que maravilha! A paisagem era indescritível. A lua despejava ondas de luz prateada sobre um lago cercado de edifícios imponentes e jardins floridos. Fora sempre um apreciador da natureza, mas, agora, sua capacidade perceptiva ia além. Penetrava um mundo desconhecido, incrivelmente belo e maravilhoso.

Buscou anotar detalhes, mas isto se tornava quase impossível. Seus arquivos mentais eram pobres demais e sentia que o cérebro físico, ao qual se encontrava ligado, funcionava como um véu ou amortecedor, impedindo-o de penetrar mais na percepção de tudo que o cercava.

Caminhou mais um pouco, observando mais de perto um pequeno arbusto sem folhas, que lhe chamara a atenção desde o início. Os galhos, bifurcando-se, terminavam em pontas mais finas e luminosas, como finíssimos tubos de neón prateado.

Nesse lugar maravilhoso, livre do corpo físico, podia entender sem a mínima dificuldade a existência das dimensões espirituais, em sistemas ou faixas inacessíveis às percepções da maioria das pessoas reencarnadas.

Sentia-se feliz, imensamente feliz, porque essas dúvidas, apesar das leituras que vinha fazendo, pesavam muito e o medo do desconhecido, além da morte, incomodava bastante.

É verdade que desde criança acreditara na imortalidade, mas de uma forma perturbadora. "Se a alma é imortal – pensava em seus devaneios infantis – como é que ela fica depois da morte? Sendo invisível, seria algo indefinido, sem existência própria, sem sensações, vagando ao sabor das correntes cósmicas, pela eternidade afora? E o que seria de todo o imenso acervo de conhecimentos adquiridos e experiências vividas no corpo físico? E os sentimentos e emoções?... Anular-se-iam, ou permaneceriam em algum lugar, a espera de quê? Qual seria, enfim, o futuro da alma? Um sopro invisível nos caminhos da eternidade...? Que terrível perspectiva!"

Quanto ao inferno ou céu, na forma como estas questões lhe haviam sido explicadas... não acreditava.

Como se de repente o insondável se tornasse sondável, percebeu que compreendera. Só podia mesmo ser assim: a alma habitando o corpo físico por determinado tempo; retornando por meio da morte a essa dimensão desconhecida em que se encontrava agora, mas com todas as condições conhecidas na Terra e outras muitas mais; vivendo ali uma vida útil e prática, adquirindo sempre novos conhecimentos, virtudes e experiências, e retornando à Terra para novos estágios de aprendizado e crescimento interior, ajustando-se assim às leis que comandam a vida cósmica.

Estava tão empolgado que mal percebeu seu retorno ao corpo, ajudado pelo Espírito amigo. Abriu os olhos na madrugada silenciosa. Levantou-se, tomou da caneta, escrevendo rapidamente um breve relatório da experiência que vivera e cuja recordação se dissipava de sua mente com incrível rapidez. Entendeu que era o reingresso no corpo físico, na dimensão material, que já não lhe permitia a lembrança nítida e completa de tudo que vira.

Na semana seguinte, Cícero retornava ao lar após um cansativo dia de trabalho.

Chovia torrencialmente.

As luzes dos veículos que vinham em sentido contrário dificultavam a visão. O trânsito lento e difícil era irritante mas, em vez de dizer uns palavrões como era seu costume, riu. Sentia um inexplicável contentamento, como se suas emoções fluíssem na luz dos anjos e o pensamento buscasse algo, muito além.

Em casa, suportou com paciência a agressividade e as infindáveis queixas da esposa.

Na madrugada silenciosa, acordou, sentindo imensa vontade de passear novamente pelo mundo espiritual. Fez os exercícios respiratórios e de relaxamento que lhe haviam sido recomendados da última vez e logo se desprendia do corpo físico, sentindo-se leve e feliz.

Buscou a presença do Espírito amigo, mas nada percebeu.

Sentiu vontade de sair dali e em poucos instantes encontrava-se caminhando por uma estrada iluminada pelo luar. Um pouco mais adiante dois vultos chamaram-lhe a atenção. Apressou o passo, alcançando-os, e quase soltou um grito pela estranheza da cena.

Eram dois homens tão parecidos que pensou tratar-se de irmãos gêmeos. Ambos altos e magros, caminhavam com os pés descalços. O primeiro vestia-se com roupas claras, trazendo às costas um grande saco de cor rosa, pintado com flores de variados matizes. Seu passo era leve e sua fisionomia irradiava paz. Como a marcar o ritmo dos passos, ia assoviando alegremente.

O outro se vestia de preto aparentando grande sofrimento. Às costas trazia uma cruz tecida de penas negras. Gemia baixinho e, vez por outra, uma lágrima lhe escorria pelo rosto macerado. Seus passos eram lentos e trôpegos e podia-se dizer que ele não caminhava: arrastava-se.

Cícero demorou-se alguns instantes a observar a cena incomum e continuou sua caminhada meditando na estranheza do que vira.

Instantes mais tarde, adentrava os gigantescos portões azuis de uma cidade maravilhosa. Ali, tudo era luz, som, perfume e cor, harmoniosamente conjugados, formando ambientes de extrema beleza e perfeição.

Encaminhou-se para uma pequena praça, onde as flores e as folhagens vibravam com tal intensidade que emitiam sonoridade em indescritível harmonia.

Suave aragem roçou-lhe a fronte numa vibração familiar, fazendo-o reconhecer, com alegria, a presença do Espírito amigo que o acompanhara em sua primeira viagem em corpo espiritual.

— Então, meu filho, como está?

— Estou ótimo, graças a Deus. Só que não estou conseguindo vê-lo.

— Já vai conseguir...

Mudo de admiração, Cícero observou uma nuvenzinha azulada, com irradiações douradas, formando-se à sua frente, e transformando-se rapidamente num velho de porte majestoso e expressão risonha.

— Bem, meu filho. Creio que já podemos conversar.

Cícero permanecia boquiaberto, ante a beleza e a expressão de paz daquele Espírito. Sem saber o que dizer, perguntou:

— Como devo chamá-lo?

— Pode me chamar de pai. Já o fui em algumas das nossas encarnações.

Os dois puseram-se a caminhar, admirando as belezas da praça.

— Oh, como tudo isto é maravilhoso! – exclamou Cícero. – Se eu tivesse de descrever o que vejo e sinto, não encontraria palavras. Se todas as pessoas pudessem viver um momento deste, creio que a vida na Terra se transformaria.

— Em primeiro lugar, meu filho, para se chegar a uma região como esta, que é apenas um plano intermediário, é necessário elevar muito o próprio teor vibratório. Na Terra, muito poucos se preocupam com essa questão da evolução. Tu mesmo, há bem pouco tempo, te preocupavas apenas com os cometimentos materiais.

— É verdade... eu dormia o sono letárgico da matéria. Mas... meu pai... peço-lhe que me explique o significado de algo muito estranho que presenciei, ainda há pouco.

— Sei a que te referes. Pensas nos homens que viste. Eles simbolizam a Humanidade em geral.

— Poderia explicar melhor?

— Já observaste que, na Terra, cada um carrega suas penas, não é? Pois bem, muitas das pessoas que não aceitam os desígnios superiores, acabam fabricando com essas penas as próprias cruzes que vão arrastando vida afora. Para esse tipo de pessoas o sol não brilha nem aquece, e as flores não possuem perfume nem cor. Arrastam-se sob esses pesos, encontrando certa satisfação na piedade que despertam nos outros e em si mesmos.

— Como assim?

— Nunca observaste o que ocorre quando duas pessoas desse tipo se encontram? Após os cumprimentos de praxe, vem sempre a indagação habitual: o que há de novo, ou, como vai? A resposta, quase sempre, é mais ou menos assim: "É... vou indo como Deus quer... Imagine que...". Daí em diante o que se ouve é um rosário de queixas e lamentações, cada qual procurando superar o outro em volume e intensidade de problemas e sofrimentos. Claro que existem muitas pessoas que carregam cruzes realmente pesadas e difíceis, mas essas geralmente são as que menos reclamam.

— E o outro homem, aquele que carregava um saco pintado com flores?

— Aquele simboliza as pessoas de bom senso, criaturas amadurecidas que não necessitam das atenções dos outros para preencher os seus vazios. Não precisam da piedade alheia nem da própria. Assim, envolvem suas penas num saco de cores alegres, vestem-se com os tons claros do otimismo e da confiança e caminham cantando... ou assoviando. Seu fardo torna-se realmente mais leve, porque esse tipo de vibrações atrai forças semelhantes que as ajudam no esforço da caminhada. São pessoas que não desperdiçam energia em lamentações e queixas desnecessárias.

Pararam por instantes, apreciando uma pequena cascata de águas límpidas. Depois de instantes de silêncio, o velho continuou:

— As pessoas de que falo procuram, inteligentemente, valorizar as coisas positivas da vida e ignorar ou não dar atenção às negativas, quando não têm condições de transformá-las em positivas. São criaturas que, pela lei dos semelhantes, atraem o que é bom, belo e agradável. Como seus olhos não se encontram vendados pelo negro véu da autopiedade, conseguem perceber as belezas que os cercam, vendo a vida com outros olhos.

— É incrível como eu nunca havia pensado nisso. O senhor tem mil razões.

— A evolução espiritual do ser, dentro da eternidade, pode ser retratada na evolução da criatura durante sua encarnação na matéria. Quando criança, necessita sempre chamar a atenção dos demais para sua pessoa. Algumas conseguem pelos dotes naturais que possuem. As demais procuram conseguir por meio de formas as mais variadas: chorando, inventando doenças, fazendo-se agressivas e más, deixando de se alimentar, etc..

Do mesmo modo o Espírito humano, quando ainda na fase primária de sua evolução necessita, também, chamar a si a atenção alheia. Muitos o conseguem pelas qualidades que possuem ou pelo esforço incomum, mas outros procuram consegui-lo por meio de inúmeros recursos, tais como a lamentação, a agressividade e outras tantas atitudes e atos negativos. Ao amadurecerem mais um pouco, espiritualmente, passam a viver num plano de entendimento superior de onde observam a vida por um ângulo mais vasto, mais amplo. Em razão desse amadurecimento também cresce mais o seu amor. Refiro-me, é claro, ao amor cósmico, que os preenche com valores outros, em sua caminhada evolutiva.

Cícero permaneceu calado, meditando naquelas explicações. Ao tentar voltar-se para o velho a fim de fazer um comentário, percebeu que já estava retornando ao corpo carnal.

Mas aquelas explicações e as magníficas impressões daquele passeio no mundo espiritual, perduraram em sua mente e emoções por vários dias.

MÃOS VAZIAS

O coração não andava bem. Por vezes experimentava sensações de angústia no peito e sufocação, seguidas de palpitações violentas. Teve medo...

Sem dizer nada à esposa, buscou o auxílio da medicina. Na clínica, todo aquele aparato de médicos e aparelhos sofisticados deixou-o mais confiante. Exames inúmeros foram solicitados e Amadeu voltou ao lar, sentindo-se novamente aquele homem forte, lutador, vencedor...

Pela manhã, enquanto dirigia o automóvel em direção à empresa que presidia, outra crise, desta vez mais violenta, atirou-o para o outro lado da vida.

Ficou, a princípio, revoltado: um homem de sua posição, altamente colocado no mundo dos negócios, morrer assim, de forma tão inesperada, na rua, sem ao menos o consolo da assistência médica, religiosa e familiar nos instantes finais?

Pouco a pouco a revolta foi cedendo lugar ao desespero e o medo começou a tomar conta de seu ser, enquanto perambulava nas sombras de um mundo estranho e hostil.

Forças misteriosas arrastavam-no, não sabia para onde, quando, de repente, observou que segurava numa das mãos uma lata, contendo os restos de uma refeição. Olhou intrigado para ela procurando lembrar-se de quando e como a tivera nas mãos, mas a cabeça estalava e a memória nada lhe disse. Quis jogá-la fora, mas o metal prendera-se à sua mão e começava a puxá-lo, arrastando-o para destino ignorado. Achou melhor não opor resistência às forças que o levavam e, em pouco tempo, viu-se numa clareira iluminada e cercado por várias pessoas, dentre às quais destacava-se um senhor de cabelos brancos e olhar penetrante que trazia nas mãos um caderno com anotações.

Assustado, perguntou sobre o que estava acontecendo. O ancião aproximou-se, entremostrando piedade no olhar, enquanto dizia:

— Amadeu. Tu viveste na Terra 58 anos, três meses e nove dias. O que fizeste de útil?

— Eu? Ah, caro senhor! Se estou perante os juízes do meu destino, devo dizer-lhes que mereço um pouco mais de consideração. Minha família, como devem saber, caracteriza-se pela posição de relevância que ocupa nos negócios e na sociedade. Eu mesmo, sempre fui um homem trabalhador e eduquei meus filhos, deixando-os amparados e senhores de vastos patrimônios. Além disso, possuo raízes religiosas e nunca me descuidei de minhas obrigações para com a Igreja.

O cavalheiro de cabelos brancos aproximou-se mais um pouco e, com voz suave mas firme, continuou:

— Confere com minhas anotações, mas devo lembrar-te de que tudo que fizeste pelos teus, estavas fazendo por ti mesmo. Assistindo à tua esposa e filhos em teus anseios supérfluos, estavas procurando angariar e manter tua afeição, teus cuidados e carinhos para contigo, além da satisfação de saber que aqueles que trazem o teu nome, estavam se apresentando na sociedade em condições de superioridade, provocando inveja. Resumindo, foste útil a ti mesmo.

Amadeu baixou a cabeça, envergonhado, diante daquela verdade que jamais se dera ao cuidado de analisar, e, ante o olhar lúcido do mensageiro, procurou no arquivo das recordações algum fato, algum gesto seu que pudesse apresentar ao estranho tribunal, como atenuante à posição de réu, em que se sentia. Percebia agora, que além da morte a justiça é mais penetrante e atinge feições desconhecidas dos encarnados. Sentia que ali, em seu novo "habitat" a mentalidade era bem diferente da que conhecera e vivenciara na Terra. Diante daqueles rostos serenos que expressavam honestidade, sentiu sua consciência nua e transparente, deixando à mostra todas as manhas e artimanhas que se acostumara a usar no cotidiano. Estava convencido de que ali não se dava qualquer valor às riquezas e posições que alguém possuiu ou ocupou na Terra. Ali não funcionavam recursos ou manhas que pudessem livrar o culpado das consequências dos seus atos.

A lata que trazia nas mãos fê-lo recordar-se de algo, cuja importância jamais suspeitara. Na tela de suas lembranças desenhou-se a figura de um meninozinho, todo molhado, que recolhera numa tarde chuvosa. Sentira pena do garotinho de ar triste e lhe dera alguns panos velhos para se enxugar e, naquela lata que agora tinha nas mãos, colocara as sobras do almoço, para o garoto comer.

Ergueu o olhar para o rosto sereno do ancião. Este, parecendo adivinhar seu pensamento, disse:

— Viveste no mundo para ti mesmo, Amadeu, e agora, no lado verdadeiro da vida, onde o íntimo do ser se desnuda e a verdade se apresenta, encontras-te pobre, vestido apenas com os panos velhos que um dia deste a uma criança carente. Tuas mãos estão vazias de todos os bens pelos quais tanto lutaste e só trazes uma lata com restos de comida, patrimônio único que conseguiste realizar durante tantos anos que o Pai te concedeu na Terra. Mas, aquele ato generoso, partido da piedade que sentiste por alguns momentos, livrou-te de males ainda piores.

Fez pequena pausa, visando permitir que Amadeu assimilasse bem aquela informação, e continuou:

— A justiça divina, que aqui representamos, determina para ti vinte e sete anos de abandono, nas regiões do Umbral. Terás por caminhos a sombra, por teto as nuvens e por abrigo o relento, mas esses farrapos aquecerão teu corpo e esses restos de comida irão saciar tua fome, até que chegues a compreender que Deus é Pai de todos e que ninguém tem o direito de usufruir sozinho dos bens da vida, ignorando aqueles que sofrem.

Amadeu baixou a cabeça, permanecendo calado, porque nada encontrava para dizer em sua defesa. A verdade faiscava diante de sua consciência desnuda, emudecendo-lhe a voz. O ancião continuou:

— Esperamos que novos pensamentos, desta vez mais nobres, possam alojar-se em tua mente e emoções mais fraternas, acompanhar os teus passos.

Calou-se por instantes, antes de concluir, com modulações de piedade na voz.

— Até daqui a vinte e sete anos, quando voltaremos a nos ver...

As presenças luminosas afastaram-se rapidamente, devolvendo as sombras àquelas regiões de dor. Amadeu sentou-se no chão úmido e frio e pôs-se a chorar como se fora uma criança infeliz.

Chorou por horas ou dias seguidos, não saberia dizer. Mas as lágrimas sinceras e o arrependimento que sentia, trouxeram-lhe nova luz ao coração. Levantou-se, enxugou as lágrimas e disse em voz alta:

— "O amor cobre uma multidão de pecados"... Ouvi isso... acho que foi num sermão do padre Cleto.

Levantou os olhos buscando em vão, ver algumas estrelas por entre as brumas, e falou com convicção:

— Pois bem, eu vou desenvolver esse amor... Vou amar tudo que me cerca, por pior que seja. E mesmo que eu tenha de perambular por estes horríveis lugares durante todo o tempo da sentença, vou me esforçar para ser uma presença benéfica por onde andar.

Amadeu olhou novamente para o alto e desta vez viu algumas estrelas brilhando por entre as nuvens. E pareceu-lhe ver também a figura do ancião de penetrante olhar, olhando-o desta vez com largo sorriso nos lábios.

PRECE

Jesus, Mestre dos mestres, amor que nos envolve e aquece.

No silencio desta prece, o pensamento se volta para pedir Tua ajuda a todos que caíram nas armadilhas dos vícios.

Que a tua voz os convide a se levantarem e a Tua luminosa mão se estenda para ajudá-los a se erguerem do abismo onde sofrem.

Que as nossas vibrações fraternas possam envolvê-los e a força desta prece ajudá-los a compreenderem com clareza a situação em que se encontram.

Que eles possam perceber que há luz além da curva do caminho e sintam vontade, uma vontade soberana e forte, de caminharem em busca do próprio equilíbrio.

Paz, equilíbrio e harmonia, nós pedimos para todos eles, Mestre dos mestres, amor que nos envolve e aquece.

Guarda-nos Senhor dos Mundos, na Tua luz.

MULHER-MÃE

Na maternidade, todas as mulheres assumem feições grandiosas: as negras e as brancas, as cultas e as ignorantes, as ricas e as pobres. As mais pobres, no entanto, tornam-se ainda maiores porque a vida geralmente lhes pede mais intensos sacrifícios, aflições e dores mais amargas.

A mãe rica vê o seu bebê, pedaço do coração, num quarto suntuoso só dele e com tudo o que é necessário e mesmo supérfluo para um atendimento melhor, cuidados mais plenos e completos. O berço bonito, enxoval no armário, fartura de roupas, pediatra atento, o leite adequado, a babá cuidadosa, a enfermeira eficiente.

A mãe pobre espera a chegada do filho com a alma angustiada. Numa caixinha, num canto do barraco, algumas camisas, panos e fraldas são todo o enxoval que possui. Por leito primeiro, uma rede velha e, num canto qualquer, caminho das formigas, a mamadeira e o sabonete. Se o leite materno não der, o bebê terá de tomar mingau d'água.

O filhinho rico já nasce bonito, bem tratado... "filho de branco" como diz o povo. A criança pobre parece que já nasce triste, deprimida, enfezada com a vida que a Vida lhe deu.

Mas ambos crescem como o milagre maior da natureza. O primeiro, com todo conforto, cuidados e atenções. O segundo, na barraca fria ou quente demais, em meio às formigas, piolhos e baratas mas, apesar de tudo, ambos estão logo dando os primeiros passos, balbuciando de vez em quando, sem saber dizer mas mesmo assim dizendo: "mamamam..."

Boquinha pequena, fala insegura, na mais doce das palavras: mamãe.

De repente, o barraco fica mais feio, o sol escurece, a nuvem esconde o azul do céu... o marido partiu.

Vivia se queixando, reclamando de tudo, da vida difícil, das muitas crianças, cada ano mais uma... E o olhar furtivo, guloso, ardente, seguindo os gestos, guardando os passos da menina-moça da casa da esquina, que já se fazia mulher.

O céu ficou escuro, a vida também. Como seria agora? Não tinha a quem recorrer. A roupa que lavava era pouca e não dava para sustentar tanto menino. Procurou emprego mas o ganho era pequeno e teria de pagar a vizinha para ficar com as crianças... Não dava.

O dia vinha, a noite chegava, os filhos chorando, barrigas vazias... Não via outro jeito. De manhã bem cedo pegou a filharada e se foi para o centro da cidade. Encontrou um canto mais abrigado e ali ficou... olhar vazio, a mão estendida, a vergonha queimando o rosto. Quis desistir e, naquele instante de tanta aflição, pensou em voltar ao barraco e no escuro da noite acabar com aquelas vidas, tristes vidas, com todas elas, inclusive a sua.

Pensou mais um pouco, não teve coragem. Eram pedaços de sua alma aqueles rostinhos magros, pernas sarnentas, barrigas crescidas, bocas vazias dizendo: "mamãe."

Não teve coragem... Quem sabe, um pouco mais de paciência, de esperança. Nossa Senhora, mãe de todas as mães, talvez fizesse um milagre.

Parou um casal. Daqueles que têm em casa um berço, cortinado, enxoval bonito, mamadeira de leite, o pediatra, a babá.

Olharam com dó. O bebê chorando, barriga vazia, olheiras escuras.

Pegaram no colo com muito cuidado. O olhar da mulher generosa quase chora de emoção. Olha o marido num pedido mudo e ele concorda. Querem o bebê.

A mãe se revolta. Mas como? Levarem meu filho, esse ser pequenino que é um pedaço de mim? Me peçam o corpo, me arranquem pedaços, me cortem os braços, mas não levem meu filho.

Cala e pensa... pensa mais um pouco; seria melhor para ele. Ela não teria mais o seu bebê, mas o filho querido teria um lar de verdade, comida farta, carinho, instrução...

Deixa de pensar... não há espaço... a dor ocupa tudo.

Olha mais uma vez aquele rostinho magro, as mãozinhas sujas, os dedinhos bem feitos.

Aperta-o ao peito, beija seus olhos, as faces, os dedinhos. Apanha a mamadeira, a chupeta... coloca-o nos braços que não são os seus. Baixa a cabeça... não quer olhar, não poderia suportar.

Os passos se perdem na distância e ela, dividida, não é mais nem mesmo mulher. É apenas mãe.

PRECE

Pai nosso que estás nos Céus e em toda parte estás manifesto.

Favorece a paz no meu lar, para que nele haja harmonia, entendimento, bem-querer e alegria.

Sei que essa condição deve ser o resultado dos nossos esforços nesse sentido.

Mas nós, seres humanos, somos frágeis e imperfeitos e ainda não aprendemos a vivenciar os ensinamentos do Evangelho.

Por isso, peço Tua ajuda, para que a minha presença no meu lar possa ser uma fonte de paz e tranquilidade, amor, alegria e confiança, e que os meus familiares possam harmonizar-se e, todos juntos, aprendermos a vivenciar a verdadeira fraternidade.

Fica conosco, Senhor, e nos ajuda a melhorarmos a cada dia que passa, os nossos ambientes.

Assim seja!

NUMA SALA DE AA

A noite ia alta e a madrugada já dobrava a esquina, fazendo parceria com o canto dos galos.

As estrelas piscavam seu código particular, indiferentes ao drama do ébrio no casarão solitário.

Vez por outra, gritava para ouvir a própria voz, quando o silêncio se fazia pesado demais.

A mente perdia-se em devaneios exóticos sem princípio nem fim, que se quebravam ou mudavam de rumo, ao sabor da vontade ou dos bloqueios gerados pelo álcool.

Não havia com quem conversar. A mulher fora embora, por não mais lhe suportar o vício. Já telefonara para todos os amigos e conhecidos, em bate-papos que só a paciência amiga podia tolerar. Foi até a porta, abrindo-a. O frio da noite roçou-lhe agradavelmente o rosto e recomeçou pela milésima vez a caminhada em torno da casa, sob o teto acolhedor do alpendre que a circundava. Uma, duas, três voltas. Contou até 32... perdeu a conta.

Cansado, voltou ao quarto. Sentou-se na beira da cama e ficou a olhar a noite pela janela. Não queria pensar "nela", no que perdera...

Maldito álcool. Era o culpado de todas as suas desgraças. Aquele líquido claro com aparência tão inocente, parecido com água, era mais forte que tudo. Era mais forte que sua própria vida; mais forte que o seu amor, apesar de sentir esse amor pulsando em sua alma, dominando-lhe o ser, célula a célula.

Olhou para o copo. A cachaça maldita movia-se ao balanço de sua mão com força hipnótica, atração de abismo.

Aproximou-o dos lábios sequiosos. Não queria beber mas... precisava. Seu corpo e sua mente necessitavam daquela dose; sua vontade toda gritava por ela com um poder maior que tudo, maior que a própria razão. Bebeu com sofreguidão, sentindo o impacto do álcool na boca, na garganta, no estômago, no corpo, na mente, bloqueando a consciência.

Encheu outro copo e sorveu de um só gole. Precisava afogar aquela voz interior que lhe pedia sobriedade em nome da dignidade humana. Ficou com raiva. A dignidade nada tinha a ver com tudo aquilo. Bebeu mais uma dose querendo sufocar a consciência, os conceitos comuns, e acabou penetrando naquele universo todo seu, onde só ele era senhor da verdade.

Discou para um amigo.

— Alô! Marcos... é você? Imagine que eu acabo de criar a teoria dos conceitos e anticonceitos na história da sociedade...

— Ora, vá pro inferno com teus conceitos... Sabe que horas são?

Desligou aborrecido.

— Que sujeito mal educado esse tal de Marcos – resmungou, com a língua enrolada.

— Aliás, a Humanidade é toda assim – continuou monologando. – Ele está pensando que eu sou o quê?... Que é que você está pensando? Que eu sou um garoto de recado, pra você me tratar assim?

Ato contínuo, agarrou a garrafa, rebentando-a contra o guarda-roupa, sem se preocupar com o caco de vidro que lhe cortou a mão, manchando de sangue a roupa, a cama e o chão do quarto.

Voltou ao circuito do alpendre até se cansar. Deitou-se e dormiu um pouco. Ao clarear, deu um pulinho até a casa de velha tia, num sítio próximo, para comer alguma coisa.

Cinco dias, oito... e as garrafas vazias acumulando-se no quintal, na razão de duas ou três por dia.

O ambiente do casarão estava insuportável. O cheiro do álcool empestava tudo e os morcegos em suas revoadas pareciam competir com as terríveis presenças invisíveis que povoavam os aposentos.

Ninguém tinha coragem para aproximar-se do ébrio, pois seus momentos de violência, quando embriagado, eram terríveis e imprevisíveis. Os filhos, cansados de tentarem ajudá-lo, negavam-se a tomar conhecimento da situação.

— É caso perdido – diziam a uma só voz e se afastavam, cada qual para seus trabalhos, seus lazeres e prazeres, sem maiores inquietações.

O ambiente ficava cada dia pior. Na cama imunda, molhada de cachaça e urina, o ébrio, cercado pelas presenças imateriais, escondia sua dor e vergonha sob mais e mais doses de bebida, tentando bloquear por completo aquela vozinha desagradável, que lhe falava em sobriedade, em dignidade humana.

De repente, um riso satânico explode a seu lado e outro e mais outros. Fecha os olhos para não ver as caras horríveis, deformadas, expressões diabólicas, figuras de pesadelo. Mas eles estavam ali, seres infernais a espera, quem sabe, de sua morte, para levar-lhe a alma.[1]

Assustou-se deveras. Gritou, suplicou, mas os risos diabólicos lhe encobriam a voz.

Levantou-se a custo. As pernas tremiam e os cabelos se lhe eriçavam na cabeça, enquanto calafrios desciam pela coluna vertebral até o dedão do pé.

Um medo terrível tomara conta de seu psiquismo. Arrebanhando as energias restantes, apanhou as chaves do carro e saiu.

Só Deus sabe como conseguiu chegar à casa de Lia e Manoel Novais, antigos conhecidos que não o viam há muito tempo.

É nesses momentos que a mão do Pai sustenta e guia até mesmo os passos dos ébrios. Sem que ele soubesse, o casal fazia parte de uma fraternidade ecumênica, cujo

[1] Sabe-se que inferno, diabo, satanás, não existem na forma como são apresentados pela Igreja. Existem Espíritos profundamente votados ao mal, que muitas vezes mostram-se com aquelas características já conhecidas pela tradição religiosa, quando pretendem aterrorizar suas vítimas. Mas esses também, por mais que tenham descido moral e espiritualmente, um dia retomarão o caminho da evolução. Ninguém está perdido para sempre.

lema é: "Jesus morreu por nós e nós devemos morrer por nossos irmãos; não a morte do corpo mas dos nossos interesses pessoais, a fim de podermos ajudar de fato a quem está precisando."

Em poucos instantes seus passos de ébrio cruzaram a soleira daquele lar, onde foi recebido com carinho verdadeiro, apesar de sua asquerosa aparência e presença.

Quanto amor foi preciso investir, quanta paciência, tolerância e compreensão. Quantas noites insones, o casal se revezando para escutar tantas conversas, tantos conceitos, tantas ideias acumuladas ou geradas na mente alcoolizada, e as garrafas se sucedendo umas às outras, até que o organismo disse: "Chega. Estou saturado."

É nesse ponto que tem início o mais doloroso drama da vida de um alcoólatra. É quando ele começa a perceber ou se conscientizar do que fez. Esse é o momento da vergonha, do remorso e do desespero profundo, por constatar sua fragilidade diante do vício. É o momento em que os obsessores ou os vampiros do álcool se afastam satisfeitos, deixando o viciado a sós com as ruínas de sua vida; o corpo enfraquecido, intoxicado, o pensamento oscilante e a consciência de culpa a palpitar em toda a extensão do ser; na alma o gosto amargo dos sonhos quebrados, desfeitos, incinerados nas labaredas do vício; no coração o sabor das cinzas espalhadas pelo vento.

Foi nessa hora que a solidariedade se fez maior no lar dos Novais e, à noite, o casal comboiava o pupilo até um dos mais abençoados lugares: uma sala de Alcoólicos Anônimos.

Assentou-se a um canto, inquieto, com medo. Estava com medo do mundo, da vida, de si mesmo. Não sabia sequer se valia a pena continuar vivendo. Olhou em torno e só viu expressões amigas naqueles rostos desconhecidos. Sentiu-se melhor.

Abertos os trabalhos, percebeu que era a sua própria vida que desfilava ali, na cabeceira da mesa, onde os companheiros faziam seus desabafos, confessando-se alcoólatras em tratamento.

Não resistiu. Pediu também para falar. Precisava dizer a alguém como se sentia, mas tinha de ser a alguém que pudesse compreendê-lo; dizer que por causa do álcool perdera o que de melhor possuíra; que não era mau nem indigno, mas alguém que necessitava de compreensão e ajuda; que a sua força era pouca para lutar contra o vício, contra os invisíveis que o dominavam, que o hipnotizavam; contra seus próprios impulsos enraizados na longa viciação.

Disse tudo que precisava, desabafou, lavou o peito e sentiu que suas palavras eram compreendidas, aceitas, e encontravam ressonância na alma dos companheiros.

Pela primeira vez em tantos dias, sentiu-se quase feliz. Encontrava um lar e irmãos de verdade, forjados nas labaredas dos sofrimentos em experiências semelhantes. Vibrante de esperança, solicitou ingresso na irmandade e recebeu sua ficha, uma fichinha de plástico tão singela, tão pobre... mas valia para o novo AA muito mais do que seu tamanho em ouro. Valia sua própria vida e, talvez, até mesmo o seu amor.

Aquela fichinha lhe seria, a partir de então, o mais precioso dos objetos, pois simbolizava a sobriedade. Era a esperança que lhe brotava na alma e batia às portas do coração, a dizer: "Esta é a sua oportunidade. Você pode deixar de beber. Você pode ser sóbrio... ainda há tempo para reconstruir, ainda há chances para a reconquista, para a vida..."

Abria-se para ele uma nova porta, uma nova oportunidade, que estava disposto a não desperdiçar.

NÃO ME LEVE AGORA

Não se conformava. Não podia se conformar. Isso era injusto, muito injusto. Seu pai tinha apenas 45 anos de idade e estava ali no leito, magro e descorado, exalando mau cheiro, na antecipação da morte.

Não havia mais solução para o seu caso. O câncer se espalhara de tal forma que, para extirpá-lo só mesmo extraindo-lhe todos os órgãos. No entanto, era homem ainda novo, cuja vida de lutas encerrava-se naquele leito, justo agora que podia dizer-se vitorioso.

A fábrica ia muito bem; os negócios imobiliários, de vento em popa. Agora, era só saber administrar.

Luciano recostou-se no sofá. O enfermo ressonava, tranquilo, semianestesiado pela medicação forte.

Olhou-lhe o rosto magro e lembrou-se da infância, do pai amigo a trabalhar demais e quando era alertado para o fato respondia: "Não, não estou trabalhando demais. Quero construir um império para o Luciano. Não quero que ele sofra a pobreza como eu sofri".

Mas Luciano não temia a pobreza. Temia, talvez, a riqueza, receoso de suas amarras, algemas sutis que prendem o coração e congelam os sentimentos fraternos.

Ele queria ser fraterno. Queria ter um império, não para o seu prazer, mas para melhor poder ajudar o próximo: alimentar a criança faminta e cuidar do velho abandonado; assistir as mães desassistidas pela vida e ser o pai dos meninos sem pai. Esse era o seu grande sonho, o ideal oculto que lhe embalara os dias da infância e os primeiros tempos da adolescência. Mas depois acabara "botando a cabeça no lugar" e esquecera aquelas "utopias". Era, agora, estudante de medicina e não tinha tempo a perder.

Aqueles sonhos da infância, porém, voltavam-lhe à mente com insistência, escoltados pela dor que lhe machucava o coração.

Insone, resolveu passar a vista pelo *Evangelho Segundo o Espiritismo* que um amigo lhe presenteara e, quanto mais lia, mais tinha vontade de ler.

Que beleza! Quanto conforto para a alma em dor! Quantas respostas para o pensamento em ebulição.

Em pouco tempo, devorou as principais obras da Codificação, tornando-se adepto da Doutrina Espírita e, enquanto o pai definhava e se aproximava do fim, Luciano o confortava, lançando em seu Espírito a luz das verdades imortais e, assim, nos intervalos da dor, pai e filho traçavam diretrizes mais humanas, faziam planos mais fraternos para o uso da gorda fatia que o trabalho paterno conquistara do bolo da vida.

E os sonhos flutuavam sobre o leito do enfermo no riso cristalino das crianças que seriam assistidas e no passo trôpego dos velhinhos que teriam um lar.

O tempo passou, o enfermo partiu e a vida acabou voltando ao seu ritmo normal.

Luciano construiu uma sala, camuflada entre as árvores, nos fundos do grande jardim de sua residência, na qual passou a realizar sessões espíritas com a colaboração de alguns bons médiuns. Para ele, era uma espécie de preparação para a sua missão.

Enquanto a missão aguardava sua vez, apareceu Taninha, moça bonita e da melhor sociedade, e o casamento transitou nas colunas sociais como o acontecimento do ano.

Luciano sentia-se realizado e feliz. De volta ao lar, após longa viagem de núpcias, reabriu a sala onde realizava as sessões.

O Evangelho, aberto ao acaso, caiu na parábola do jovem rico e Luciano sentiu que a mensagem era para ele. De fato, sentia-se em falta para com a Doutrina que esposara, para com seus sonhos da infância e os projetos que fizera ao lado do pai, em seus últimos dias de vida.

Decidiu-se. No dia seguinte começaria a movimentar recursos para a construção do Lar para crianças carentes e velhinhos abandonados. Sentiu-se mais leve com a decisão e contou tudo a Taninha, certo de sua aprovação, mas a esposa achou a ideia absurda. Onde já se viu, gastar o patrimônio da família em atividades cuja obrigação não lhes cabia, cuja responsabilidade era do Governo? Já não pagavam altos impostos, não empregavam tanta gente? Obras assistenciais, a seu ver, só serviam para nutrir a preguiça dos acomodados.

Não. Decididamente, não iria concordar com tais disparates. Já achava muito ter que tolerar aquelas atividades espíritas nos confins do seu jardim, arriscando-se a que as amigas viessem a descobrir. E ainda mais agora que estava grávida. Criança dá muita despesa. Era preciso pensar no futuro. Com a situação econômica insegura do país, ninguém podia estar a jogar dinheiro fora.

Luciano baixou a cabeça e nada disse. Procurava entender as "razões" da esposa, seus pontos de vista. Além disso, apaixonado como estava, não se sentia encorajado a desgostá-la. Mas lá do fundo da consciência lhe subia ao pensamento o conceito espírita sobre as riquezas. Sabia que tinha compromisso espiritual com crianças e idosos. E não era apenas saber, era um "sentir" muito forte e profundo, uma força interior que fazia vibrar-lhe ao longo do ser o chamamento para aquela obra fraterna.

Resolveu dar um tempo para que as coisas se acomodassem.

E o tempo passou e, voltou a passar, multiplicando seus bens.

Luciano não tinha mais coragem de abrir o Evangelho, com medo daquelas parábolas de Jesus, tão claras e diretas. Também não se encorajava a analisar seus atos e omissões. Tivera de fechar o "Centro" por insistência da esposa e entrara no lucrativo negócio dos motéis, e quando a consciência ameaçava interferir ele respondia a seu próprio espírito dizendo que não havia nesse mister nada demais. Eram apenas lugares confortáveis e luxuosos para os casais se encontrarem.

Quanto ao projeto do Lar, ainda não podia pensar em realizá-lo. Precisava, antes, vencer a resistência de

Taninha. Não seria justo contrariá-la. Afinal, os bens eram do casal e dos três filhos que haviam trazido ao mundo. Com a economia globalizada, o futuro incerto, queria deixar um patrimônio sólido a seus herdeiros.

O tempo apertou o passo e, chegando aos anos da idade madura, vamos reencontrar Luciano recebendo em sua mansão um antigo amigo espírita.

Flávio vinha expor-lhe a situação dramática da creche que fundara e dirigia, numa favela distante. Ali, abrigavam-se 80 crianças, filhas de mães que trabalhavam fora, lutando pela manutenção da família. As chuvas haviam acabado de estragar o telhado e este ameaçava cair. Ele próprio morava ali, na creche, empregando os rendimentos de sua aposentadoria nas despesas mais urgentes, mas nada sobrava para comprar os materiais necessários ao conserto do telhado. Nessa aflição, lembrara-se do amigo e de seus antigos ideais. Tinha certeza de que iria ajudar com muita alegria.

Luciano observava com o canto do olho as expressões de desagrado de Taninha e respondeu, reticente:

— É... é claro que eu gostaria de ajudar... mas você chegou no pior momento. As coisas não andam bem. Imagine que esta semana tive de pagar uma altíssima indenização a dezoito empregados que entraram na Justiça do Trabalho.

Luciano balançou a cabeça com ar de vítima e continuou:

— Como se não bastasse, o vigia da casa da praia fugiu, roubando todos os eletrodomésticos e outras coisas mais, que eu vou ter que repor. A casa da serra está precisando de uma reforma. Os rapazes vão entrar de férias e eu lhes prometi uma viagem ao exterior. Além disso, eu andei fazendo uns investimentos na bolsa e acabei perdendo um bom dinheiro.

Deu uma paradinha, observando o ar de tristeza do ex-amigo, respirou fundo e concluiu:

— Sabe como é, amigo... A gente tem que pensar no futuro. No pé em que as coisas estão... Dá um tempinho, tá bom? Vamos ver se as coisas melhoram.

"Dá um tempinho... um tempinho... um tempinho...".

Essas palavras ecoavam no pensamento de Luciano. Queria repeti-las, gritá-las. Queria suplicar a Deus por mais um tempinho. Precisava de mais alguns dias. Estava decidido a dar melhor aplicação a parte de sua fortuna; iria doar vultosa importância ao Flávio para a reforma e manutenção da creche e, se Deus lhe desse tempo maior, criaria mais uma empresa, cujo lucro seria destinado, na íntegra, a idosos e crianças carentes. Empresa nova... isso mesmo... uma nova empresa destinada exclusivamente à caridade.

O coração, no entanto, batia cada vez mais fraco e o corpo não lhe atendia ao comando. Com imenso esforço, conseguiu acordar a esposa que, apavorada, correu ao telefone a chamar o médico. Mas tudo ia ficando distante: o lar e a família, as fábricas, os imóveis, os negócios lucrativos...

Um tempinho só, meu Deus – suplicava, terrivelmente assustado ante a possibilidade de estar morrendo. –

Me dê só um tempinho, que eu vou dar a metade de todos os meus bens para obras assistenciais. Vou ficar só com a outra metade para minha família. Afinal, eu cheguei ao mundo nu e posso viver nele sem tanta riqueza.

Quis ajoelhar-se, achando que assim seu pedido tivesse mais chance de resposta, mas o corpo não obedecia e ele sentia-se cada vez mais distante... mais distante...

A voz angustiada de Taninha lhe chegava de longe, muito longe. Sentia o corpo rígido e frio, a alma envolta em sombras.

— Meu Deus – gritou dentro do próprio pensamento. – Me dê mais um tempo, um tempinho só... Eu dou tudo que tenho para o Flávio construir quantos abrigos ou creches quiser. Não fico com nada, com nada.

Mas tudo ia se distanciando nas sombras da vida, ou da morte, enquanto Luciano continuava a pedir a Deus um pouco mais de tempo... Um tempinho só...

ERA UMA LUZ DOURADA

Alexandre estava desalentado. Sua mente dizia que devia prosseguir; dos destroços, reconstruir o trabalho, erguer-se das próprias cinzas para continuar. Mas sentia como se algo houvesse mudado dentro dele, aquele algo que sustenta a vida e dá a força imprescindível para continuar a luta.

Sempre vira a Casa Espírita como o mais abençoado dos ninhos, o abrigo do coração, o refúgio de luz onde a alma se reabastece para os embates e os desenganos do mundo lá de fora. Mas agora... estava tudo diferente. Até mesmo a luz que brilhava em seus olhos não era mais a mesma, estava mortiça, quase apagada.

Era melhor desistir.

— Amanhã vou levar minha demissão ao grupo – disse em voz alta. – Vou me afastar das atividades espíritas. Não dá mais.

Quase meia-noite. Entristecido e sem ânimo deitou-se, mas o sono não chegava para adormecer aquela dor. Lembrou dos tempos da juventude, os primeiros contatos com o espiritismo, em leituras de alimento à alma e alegria ao coração, nas grandes descobertas sobre os mecanismos da vida que sinalizam para a justiça e a perfeição do Criador. Pensou no Centro, nos estudos, nas primeiras atividades... Quanto amor colocara entre as paredes daquela Casa!

Mas, aos poucos, algo foi mudando. Nele, ou nos outros? Não, não era nele porque o amor continuava o mesmo, os ideais não haviam arrefecido e os valores mantinham-se bem definidos, dentro das linhas traçadas por Kardec.

Mas, algo realmente mudara. Já não era mais o Centro simples e humilde, onde todos se conheciam e eram atenciosos e solidários uns com os outros. O movimento crescera, a "clientela" era de mais alto nível. A prece habitual no início das tarefas não era mais a das palavras simples saídas do coração, mas invocações formais, quase ordens, solicitando presenças superiores para apoio nos trabalhos. Era muita formalidade e pouco ou quase nenhum amor. As conversas pelos corredores eram de teor leviano, impróprias para um Centro Espírita, e quando se tocava no assunto, faziam chacota, dizendo que até Jesus vivenciou conflitos e não desprezou prazeres da carne. O grupo jovem deixara de estudar Kardec. Era muito cansativo e indigesto, dizia o novo líder da Mocidade, acrescentando que o jovem precisa de movimento, música, teatro, enfim, botar o gás para fora... e que gás! As peças teatrais eram agora permeadas com induções aos prazeres, e convites camuflados à liberação sexual e homossexual.

Alexandre conseguira juntar meia dúzia de companheiros que pensavam como ele e iniciar um grupo de estudos relativos a questões polêmicas como aquelas, tudo fundamentado em Kardec. Vários meses de pesquisa e debates deixou o grupo cada vez mais firme em seus conceitos. Foram juntos procurar a Diretoria. Muita discussão e nenhum resultado. Só mesmo convocando uma Assembléia Geral Extraordinária. Impossível permitir que aquela instituição continuasse a decair daquele jeito, mas no dia aprazado não houve quorum. O grupo de Alexandre já estava marcado e rotulado como sendo "os obsidiados", criadores de caso, destruidores da harmonia geral. Com certeza, diziam, querem eles apoderar-se do "poder".

O que fazer? Com quem falar? De que forma alertar para o que estava acontecendo?

Resolveram fazer um jornalzinho, pelo qual pudessem levar àqueles e a outros companheiros as ponderações e conclusões adquiridas em seus encontros e estudos; debater, por intermédio do papel, magnas questões ligadas à conduta espírita. Mas ninguém lhes deu apoio, ao contrário, suas ideias foram mal interpretadas e alguns companheiros deixaram bem claro que eles estavam sendo considerados "personas non gratas" naquela instituição.

Decidiu afastar-se, cuidar da vida... Não dava mais.

Uma pequena e suave mão segurou a sua. Viu por meio da vidência uma criança linda e angelical sorrindo para ele. Do fundo de seus olhos irradiava-se uma luz dourada que envolveu Alexandre em vibrações de profunda harmonia.

— Você está magoado, ferido – falou.

A voz macia, amiga, fez rebentar os diques dos sentimentos reprimidos e Alexandre chorou longamente.

— Quando na Terra – continuou a dizer o pequeno amigo – estão sempre presentes em nós as forças do eu. Eu estou magoado; eu não tenho mais disposição para a luta... E então, um grupo formado por vários "eus", cada qual com suas razões, acaba por se desfazer nos primeiros embates.

Alexandre baixou a cabeça enquanto a criança continuava:

— Jesus, o Grande Mestre, disse: "Quem quiser ser meu discípulo, negue-se a si mesmo, tome a sua cruz e siga-me". Já meditou no que significa negar-se a si mesmo?

— Não. Na verdade, nunca pensei nisso – murmurou Alexandre.

— Negar-se a si mesmo – continuou o pequeno – é não dar-se o direito de sofrer, de magoar-se com as incompreensões, nem mesmo com as agressões, quando a serviço do Cristo. É não se permitir o luxo de nutrir desalento ao ver-se sozinho, conduzindo a bandeira dos ideais; não deixar o coração abrigar azedumes, nem mesmo ressentimentos, sejam quais forem as razões.

Alexandre havia lido e relido os Evangelhos, mas nunca pensara em semelhantes interpretações. E o pior é que a criança estava certa. Levantou a cabeça e disse:

— Tem razão. Eu preciso aprender a renunciar a mim mesmo. Mas, de qualquer maneira, não adianta continuar com o grupo. Todas as portas estão fechadas para nós. Somos vistos como os obsidiados. Mesmo que alguns concordem conosco não terão coragem de nos apoiar publicamente. Por isso, não conseguiremos o apoio material necessário para fazermos o jornalzinho.

Aquele ser espiritual em forma de criança olhou para Alexandre com um misto de amor e piedade, e concluiu:

— Aí entra a segunda parte do que o Mestre falou: "Tome a sua cruz e siga-me".

Alexandre entendeu. Iria retomar a cruz, mesmo estando ela bem mais pesada, porque era assim que tinha que seguir os passos do Mestre.

A luz dourada ia sumindo na escuridão da noite, enquanto Alexandre sentia que as feridas interiores já estavam começando a cicatrizar e novas energias fluíam através de seu ser.